丁声树文集

下 卷

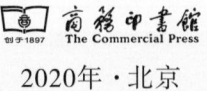

2020年·北京

目 录

下 卷

《现代汉语语法讲话》序……………………………………503
现代汉语的主语和宾语………………………………………506
对于语法研究的一点感想、三点希望………………………523
改进文风问题管见……………………………………………525

湖北方言词彙常见字说明……………………………………527
河南省遂平方言记略…………………………………………537
方言调查词汇手册……………………………………………563
汉语方言调查…………………………………………………582
汉语方言调查简表……………………………………………595
方言调查词汇表………………………………………………643
昌黎方言调查及其方言志编写出版的意义…………………754
关于进一步开展汉语方言调查研究的一些意见……………758

谈谈汉字标准化………………………………………………765
关于编纂《汉语大词典》的若干意见………………………767
《现代汉语词典》编写细则的改订部分……………………769
在语言研究所词典编辑室全体人员会议上的讲话…………777
《现代汉语词典》第1版前言………………………………779

附 录

丁声树先生生平年表……………………………………… 783
丁声树先生国学讲座笔记………………………………… 795

编后记……………………………………………………… 814

下　卷

《现代汉语语法讲话》序 *

从一九五二年七月起到一九五三年十一月止,我们用"中国科学院语言研究所语法小组"的名义,在《中国语文》月刊上连续发表了十七次(二十一章)《语法讲话》。现在参考各方面所提的意见,做了一些修订工作。删改了若干处,增补了若干处,章节方面也做了一些更动。比较重要的修订有以下几项:

1. 原《讲话》把指示词和代词分为两类,现在合并成一类,总称为"代词"。

2. 原《讲话》的"副动词"现在改称"次动词",因为"副动词"这个名目容易误会成"副词性的动词",并且也容易和俄语语法中的"副动词"混淆。

3. 原《讲话》的"动补结构"就名称上看不能包括形容词加补语的结构,现在总称改用"补充结构",其中包括"动补结构"和"形补结构"。

4. 原《讲话》的"地位词"现在改称"处所词","定位词"改称"方位词","向心结构"改称"偏正结构",因为近年来这几个名称较为通行。

5. 原《讲话》没有"构词法",现在补写了这一章。

6. 原《讲话》注音的地方用的是注音字母,现在改用汉语拼

---

* 本文是丁声树先生为《现代汉语语法讲话》一书写的序言。1952年7月—1953年11月,《语法讲话》在《中国语文》杂志上连载,署名"中国科学院语言研究所语法小组"。经过修订改为《现代汉语语法讲话》,署名丁声树、吕叔湘、李荣等八位作者,1961年由商务印书馆出版。

音字母。

7. 原《讲话》的例句也更换了一部分。

此外还有很多删改增补的地方，不必一一列举。现在把这个修订本排印成书，题作《现代汉语语法讲话》，同时把"中国科学院语言研究所语法小组"的名称取消，改由我们这几个编写的人署名。

把原来的"语法讲话"改成"现代汉语语法讲话"，不需要很多解释。这个《讲话》本来就是讲现代汉语的语法的，并不是一般的语法通论。书名添上"现代汉语"，名称和内容就更一致了。至于把集体名义改成个人列名，倒要稍微交代一下。最初计划发表《语法讲话》的时候，我们觉得这是个集体工作，应该用个集体名义。《讲话》发表了几个月之后，我们就感到这个署名容易引起误会。事实上这个《讲话》只是我们这几个人的意见，并不代表语言研究所在汉语语法方面的主张。所以趁着修订本付印，改用我们个人署名。其实就是在我们这几个人中间，也并不是每个人对于书里每一种说法都是完全同意的，所以这本书里所讲的话也并不拘束我们每个人在汉语语法方面的独立的见解。

我们在这里想提出几点敬请读者注意。

第一，这个《讲话》只是个讲话，丝毫不带总结性质。我们希望将来有人能写出一部总结性的汉语语法，我们自己的学力太浅，实在担不起来这个总结的担子。而且我们还认为，汉语语法的研究目前还没有到做总结的时候。体系和术语方面的分歧，一时还不能强求一致。我们也只能就我们力之所及稍微做些修补工夫。修补得是否妥当，希望读者指教。

第二，这个《讲话》只是个讲话，并不是一本教科书，并不是应有尽有，把语法上各方面的问题都讨论到了。它只是讲一些我们认为可以讲的，讲出来可以对一般读者有些帮助的。至于是不是真能对读者有帮助，那也要请读者评判。

第三，这个《讲话》只是个讲话，所以不取反复辩难的方式。它只是想帮助一般的同志学习，并不是面对专家学者说话的。其中采用各家论著之处，为行文简便，一律不注出处。在某些问题上提出了不同的看法，也没有一一标明。只有很少几处，例如主语宾语的"倒装"问题，为答复许多读者要求，简单地把正反两方的长短利弊提出来讨论了一下。

第四，这个《讲话》编写时候的主观愿望是尽量从事实出发，不从定义出发。下定义的时候很少，只想通过举例来说明问题，拿具体的例子引导读者独立思考。这个主观愿望究竟实现了多少，也是要请读者指教的。

第五，这个《讲话》里所讨论的现代汉语，口语和书面语并重。口语以北京话为主，书面语以现代作品为主。口语和书面语本来是密切联系着的，并不是两个对立的东西。书面语以口语为基础，又是口语的发展。口语也随时受书面语的影响。为了帮助读者对于现代汉语的理解，我们认为应该采用这种双方兼顾的办法。

我们诚恳希望读者继续给我们提意见。

让我们谢谢各方面帮助我们的朋友。

现代汉语的主语和宾语*

主语和宾语是句子中的两个成分。主语是对谓语说的,宾语是对动词说的。例如:

> 他(鲁迅)爱护青年,青年也爱护他。(许寿裳)

第一分句里,"他"是主语,"爱护青年"是谓语。第二分句里,"青年"是主语,"也爱护他"是谓语。这两句的动词都是"爱护",第一分句的宾语是"青年",第二分句的宾语是"他"。一般地讲,在现代汉语里,主语总是在谓语的前边,宾语总是在动词的后边。由意义上看,主语跟谓语有各种不同的关系,宾语跟动词也有各种不同的关系。底下分开来说。

一 主语

主语对谓语讲,有时候是"施事",有时候是"受事",有时候既不是"施事",也不是"受事",只是谓语陈述的对象。有些句子的主语是"施事",就是说,在意义上主语是主动者,谓语中所说的行为是从主语发出来的。例如:

> 中国人民站起来了。
> 我们要建立一个新中国。(毛泽东)

---

* 本文是《现代汉语语法讲话》的第五章,原题为《主语、宾语》。

这类句子的主语最容易明白，不必多加解释。

有些句子的主语是"受事"，就是说，在意义上主语是被动者，是受谓语中所说的行为的影响的。最显著的是谓语中有"被、受、给、叫"一类表示被动的字眼。例如：

> 一切帝国主义、军阀、贪官污吏、土豪劣绅，都将被他们葬入坟墓。一切革命的党派、革命的同志，都将在他们面前受他们的检验而决定弃取。（毛泽东）
> 我常是被质问，被考验，并且被命复述当时的言语。（鲁迅）
> 大水给裹在破被子里，抬上小船。（袁静）
> 为什么一个活人叫他拴住？（赵树理）

但是最常见的是谓语中并没有这类表示被动的字眼，而主语在意义上却是受事。比方说，"这个问题已经解决，一切工作都做完了"。"问题"是人解决的，"工作"是人做完的，意义上都是受事，语法上都是主语。这类句子有几点值得注意。先从主语方面看。第一，主语多半是确定的，是已经提过或者已经知道的。例如：

> 我这些话，说得农民都笑起来。（毛泽东）
> 这笔帐以后再跟他们算。（袁静）
> 三麻子那个人你还不知道？（袁静）
> 那边岗楼烧了没有？（袁静）

这几句的主语都带有确定指示词"这"或者"那"。有时候也用

其他有限制性的修饰语来确定。例如:

> 你的苗也给你锄出来了。(赵树理)
> 中国的事情是一定要由中国的大多数人作主,资产阶级一个阶级来包办政治,是断乎不许可的。(毛泽东)
> 大土豪、大劣绅、大军阀、大官僚、大买办们的主意早就打定了。(毛泽东)(主意,指卖国当亡国奴——引者)
> 其余各人吃亏的事,只要各个人提出,该怎么办就怎么办。(赵树理)

有时候主语是承上说的,不带任何修饰语也是确定的。例如:

> 那次敌人占了斜柳村,就修岗楼。楼修起了,饭野小队长和郭三麻子,带着鬼子和伪军,驻在那儿。(袁静)
> 他们三个走进村公所,民事主任才写过信,墨盒还没有盖上。民事主任看见他们这几个人在一块就没有好气,撇开艾艾和小晚,专对燕燕说:"回去吧!信已经交给你妈了!"(赵树理)

"楼修起了"的"楼"指上句的岗楼,"信已经交给你妈了"的"信"指刚才写过的信,都是确定的东西。

第二,主语有时候是周遍性的,表示"无论什么",或者"一切",谓语中常常有"都、也"一类副词。例如:

> 你要有心,什么也好办!(老舍)
> 什么东西都把它掏出来。(袁静)

> 凡是敢说敢干的，差不多都收进来了。（赵树理）

"什么"是说"无论什么"。"凡是敢说敢干的"是说"一切敢说敢干的人"。

再从谓语方面看。主语是受事的句子，谓语往往不单是一个单独的动词，动词的前后多半有别的成分。例如：

> 文艺批评应该发展，过去在这方面工作做得很不够，同志们指出这一点是对的。（毛泽东）
>
> 统一战线必须坚持下去；只有坚持统一战线，才能坚持战争；只有坚持统一战线和坚持战争，才能有最后胜利。（毛泽东）
>
> 因为公开的敌人，公开的民族破坏分子，容易识别，也容易处置；暗藏的敌人，暗藏的民族破坏分子，就不容易识别，也就不容易处置。（毛泽东）
>
> 穷家难舍，热土难离。（袁静）
>
> 大水坐在炕沿上，头也不抬，话也不说。（袁静）
>
> 祥子的车卖了。（老舍）
>
> 三仙姑也暗暗猜透人家的心事，衣服穿得更新鲜，头发梳得更光滑，首饰擦得更明，官粉搽得更匀。（赵树理）
>
> 两个斗争会开过以后，事情包也包不住了。（赵树理）

这些句子里头，有的是动词前面有助动词、副词或别的修饰语，如"文艺批评应该发展"。有的动词后面带"了"字，如"祥子的车卖了"。有的是动词后面有补语，如"衣服穿得更新鲜，头发梳得更光滑"，"事情包也包不住了"。有的是动词的前后都有别的成分,如"统一战线必须坚持下去"。要是谓语光用一个单独的动词,说成"文艺批评发展"或"衣服穿、头发梳",就不像一句完整的话。

主语是受事的句子,谓语也可以是动宾结构,就是动词后边有宾语。例如:

> 选举权,只给人民,不给反动派。(毛泽东)
> 喜富的村长撤差了。(赵树理)
> 肩膀上也中了两颗子弹。(袁静)
> 在阶级社会中,每一个人都在一定的阶级地位中生活,各种思想无不打上阶级的烙印。(毛泽东)

也可以是主谓结构,就是谓语本身又可以分成主语谓语两部分。例如:

> 大家的事情大家办。
> 不上几个月工夫,老槐树底的日子他就过不惯了。(赵树理)
> 制钱虽说不兴了,罗汉钱可是谁也不出手的。(赵树理)
> 他什么心眼儿,什么脾性儿,我早就摸得熟透透的啦。(袁静)
> 那半个[饽饽]一人抉一小块儿,分着吃了。(袁静)

有时候受事的主语可以有很复杂的谓语,如:

> 他的新快板一念出来,东头的年轻人不用一天就都传遍

了,可是想传到西头就不十分容易。(赵树理)

"一念出来"是动补结构,底下是两个主谓结构。

总起来说,主语是受事的句子有这样两个特点:

第一,主语往往是确定的或者周遍性的。

第二,谓语往往不只是一个单独的动词,动词前后常有别的成分。

主语是受事的句子,这两个特点并不一定同时具备,有时候只有一个就行。比方说,"这个要,那个不要"。"这个要"的谓语只有一个单独的动词"要"字,与第二条不合,但是主语"这个"是确定的,合乎第一条。再比方说,"一件衣服可以穿三年"。主语"一件衣服"不是确定的,也不是周遍性的,与第一条不合,但是谓语并不是一个单独的动词,合乎第二条。古代汉语有"鸟尽弓藏,兔死狗烹"这类句法,现代汉语里很少见。

主语是受事的句子,主语有时候可以挪到动词的后面做宾语。比如说,"这个问题必须解决";也可以说,"必须解决这个问题",意思没有多大差别,不过由主谓结构变成动宾结构。有时候这样挪动一下,意思大不相同。比如说,"冬天的衣服全都穿上了",是说所有冬天的衣服全穿上了。假定说,"全都穿上了冬天的衣服",那就是说大家都穿上冬天的衣服了。有时候主语是受事的句子根本不能这么挪动。例如:

我们现在的困难,有的已经渡过,有的快要渡过。(毛泽东)

不能改成"已经渡过有的,快要渡过有的",因为"有的"

这个代词只能做主语,不能做宾语,所以不能放在宾语的位置上。可见这类句子并不是倒装句,只是主语在意义上是受事罢了。

以上说的是主语在意义上是谓语的受事。还有一些句子的主语既不是施事,也不是受事,就是说,主语在意义上既不是主动者,也不是被动者,只是谓语陈述的对象。这类句子可以从谓语的性质方面来观察。

第一是体词谓语句,句子里没有动词,主语当然无所谓施事或受事。例如:

> 刘广聚,假大头。(赵树理)
> 小芹那年才九岁。(赵树理)

第二是形容词谓语句,主语是描写的对象,也无所谓施事或受事。例如:

> 他的枪法好。
> 你的胆子大。
> 这一年的清明,分外寒冷。(鲁迅)
> 胶皮底鞋夏天特别热,冬天又凉又湿。(萧红)

第三,动词谓语句的动词如果不表示动作,主语自然也无所谓施事或受事。例如:

> 谁是我们的敌人?谁是我们的朋友?这个问题是革命的首要问题。(毛泽东)
> 文艺批评有两个标准,一个是政治标准,一个是艺术标

准。(毛泽东)

旧历的年底毕竟是象年底。(鲁迅)

二加二等于四。

第四,动词谓语句的动词虽然表示动作,但是表示的动作既不是从主语发出来的,也不是主语所承受的,所以主语也无所谓施事或受事。例如:

北屋东屋都点着灯。

城头上飘扬着鲜亮的红旗。(袁静)

大字笔写大字,小字笔写小字。

王冕七岁上死了父亲。

第五,一部分主谓谓语的句子,全句的主语只是提示性质。例如:

中国不但人民需要民主主义,军队也需要民主主义。(毛泽东)

这事儿我们也没有办法。(袁静)

那个事情我不怪他。

这些句子只是把主语提出来做讨论的对象,也是无所谓施事或受事的。

二 宾语

宾语是对动词说的。有各种不同的动词,因此动词跟宾语也有各种不同的关系。有的宾语是动词行为的受事。例如：

我们要破坏帝国主义，要破坏封建主义。(毛泽东)
只有破坏旧的腐朽的东西，才能建设新的健全的东西。(毛泽东)

有的宾语是表示处所的。例如：

县上的训练班在一所大宅院里。(袁静)
他俩过了滏河，到了河西村。(袁静)

有的宾语表示存在的事物。例如：

阎家山有个李有才，外号叫"气不死"。(赵树理)
公所的房子都漏了，炕上地上尽是水。(袁静)

有的宾语表示主语的类别。例如：

我们是国际主义者，我们又是爱国主义者，我们的口号是为保卫祖国反对侵略者而战。(毛泽东)
在"五四"以后，中国的新文化，却是新民主主义性质的文化，属于世界无产阶级的社会主义的文化革命的一部分。(毛泽东)

有时候宾语是由动词行为产生的结果。例如：

> 眉头骨上打了老大一个青疙瘩。(袁静)

"打"的是"眉头骨上","打"的结果起了"老大一个青疙瘩"。"墙上挖个窟窿,地上打个洞儿",宾语都是动词行为产生的结果。有时候宾语是动词行为引起的结果。例如:

> 收的红薯已经卖了一百多万元。

"卖"的是"红薯","卖"的结果得了"一百多万元"。表示结果的宾语并不限于叙述已成事实的句子。我们也可以说:

> 收的红薯可以卖一百多万元。

意思是"收的红薯"如果卖出去,可以得"一百多万元"。"一百多万元"是预期的结果。跟这种句法相近的,如:

> 一顿饭吃了三毛钱。
> 一顿饭要吃三毛钱。

第一句是说"吃了一顿饭,花了三毛钱"。第二句是说"吃一顿饭要花三毛钱"。"三毛钱"都是"吃"所引起的费用,也是一种表示结果的宾语。

这一类动宾结构最足以表示汉语的简练、经济。

有时候宾语好像是动词行为的施事。表示存在、出现或者消失的句子常常是这样。例如:

那里有两张大桌子,桌旁坐着几个人。(鲁迅)
　　黑影里站着四五个人。(赵树理)
　　远远的来了一大串黑影儿。(袁静)
　　敌人的后面,东边也响了枪,西边也响了枪。(袁静)
　　窗窟窿口斜斜的照进来一溜亮光。(袁静)
　　他们村里走了一个人。
　　自此以后,人家死了人,敬神、做道场、送大王灯的,就很少了。(毛泽东)

这类仿佛施事的宾语大都是不确定的。"黑影里站着四五个人"等于说"黑影里有四五个人站着"。这"四五个人"是谁还不知道。再举两个比较明显的例子:

　　远远的来了一个人,走近了才认得是小福。(赵树理)

起初还不知道来的是谁,所以说"远远的来了一个人",等"走近了,才认得是小幅"。

　　远远看见大黑、三个民兵已都回来了,还来了区上一个助理员,一个交通员。(赵树理)

"大黑、三个民兵"都是上文已经提过的,是确定的,所以说"大黑、三个民兵已都回来了"。"区上一个助理员、一个交通员"是上文没有提过的,是不确定的,所以说"还来了区上一个助理员,一个交通员"。前面讲主语的时候说过,受事的主语大都是确定的,现在又知道施事的宾语大都是不确定的。说"茶拿来"和说"拿茶来"不完全相同。"茶拿来"的"茶"是预备好的茶,是确定的。"拿茶来"的"茶"不一定是预备好的茶,是不确定的。说"人来了",指已经提到或者已经知道的人,也是确定的。说"来人了",只是表示"有人来了",不一定知道是谁,是不确定的。

另外还有一种宾语类似施事的句子。例如:

这一锅饭能吃三十个人。

意思是"这一锅饭够三十个人吃"。这句话的否定式是:

这一锅饭吃不了三十个人。

意思是"这一锅饭不够三十个人吃",是说饭少了。如果说,"三十个人吃不了这一锅饭",那就是说饭太多了。所以"这一锅饭可以吃三十个人"或"这一锅饭吃不了三十个人"这类句子也并不是倒装句,也只是宾语在意义上好像是施事罢了。

前面说过,有各种不同的动词,因此动词跟宾语也有各种不同的关系。其实就是同一个动词也常带各种关系不同的宾语。比如,"写文章、写黑板、写魏碑","写"字跟这三个宾语的关系都不一样。"写文章"是写出来才成为文章,"写黑板"是在黑板上写,"写魏碑"是摹仿魏碑写字。"吃饭"是把饭吃下去,"吃大碗"是用大碗吃,"靠山吃山,靠水吃水"是依赖山水为生。"糊窗户"是把窗户糊起来,"糊纸"是用纸糊上去。"洗衣裳"是把衣裳放在水里洗,"洗凉水、洗热水"是用凉水,用热水洗澡。"夏天在海岸上吹风"是让风吹。"冬天在山坡上晒太阳"是让太阳晒。"跑街、跑路"是在街上、在路上跑。"跑公事、跑买卖"是为公事、为买卖奔跑。"下山、下楼、下车"是从山上、从楼上、从车上下来，是离开那个地方。"下水、下田、下乡"是往水里、往田里、往乡里去，是走向那个地方。"下命令"是发下命令，"下决心"是立下决心。就是同一个动宾结构，动词跟宾语也有时候可以表示两种不同的关系。"下船"普通是说从船上下来，可是也间或指往船上去，等于说"上船"。"借钱"可以是借出去钱，也可以是借进来钱。

有的动词是两面性的，主语跟宾语可以互换，意思上没有大差别。"一个大饼夹一根油条"也可以说"一根油条夹一个大饼"。"三四个人盖一条被子"（袁静）和"一条被子盖三四个人"意思也差不多。

最后我们再从宾语和主语的关系上提出几点讨论一下。前面已经说过，有的宾语是主语的类别，比如说，"美帝国主义是我们的敌人"。有时候宾语是复指主语的代词。例如：

> 过去的事不要提它吧。（赵树理）
> 一切危害人民群众的黑暗势力必须暴露之，一切人民群众的革命斗争必须歌颂之，这就是革命文艺家的基本任务。（毛泽东）

有时候宾语表示主语的数量。例如：

> 橘子苹果买了一大堆。
> 三十多架葡萄就摘了一万多斤。
> 各色破布不知糊了多少层。（赵树理）

妈，水就剩下了一点啦！（老舍）
字儿认了一百多了。

有时候宾语表示主语数量的一部分。例如：

戒指怎么只剩了一只？（赵树理）
刚好派出去的侦察员回来了几个。
三个椅子要搬去两个。（鲁迅）

"戒指怎么只剩了一只？"是说"戒指"原有两只，现在"怎么只剩了一只"。"派出去的侦察员回来了几个"，"几个"也只是"侦察员"的一部分。

三　准宾语

有一部分数量词表示行为的次数，如"一回、两趟、三下"等。有一部分时间词表示行为经历的时间，如"一辈子、两个月、三天"等。"一回、三天"等都常常放在动词后头。例如：

我对你说过不止一回，教你常劝劝他。（老舍）
老二，你去一趟吧。（老舍）
"披、披、披"一连打了好几十下。（赵树理）
我那箱子在那里摆了一辈子了。（赵树理）
我要走，我已经等了两年了。（曹禺）
打了三天三夜，把敌人打退了。（袁静）

"不止一回、一趟、好几十下、一辈子、两年、三天三夜"，占的都是宾语的地位,性质也接近于宾语,可是跟一般的宾语又不尽相同,我们管它叫准宾语。准宾语和宾语性质相近,可以从底下的例子看出来。

如果袜子没有带,我还可以借你一双。(丁西林)

大水问老林:"咱们有一百五十多人,在你这儿吃一顿饭行不行?"老林笑着说:"吃几顿也行。"(袁静)

这样的蛮家伙,见过没有?捶她一顿,出出气,赞成不赞成?(丁西林)

我们想回去一趟,料理一点私事,然后再来。(丁西林)

"借你一双","一双"是宾语,我们可以说"借你一双袜子""一双袜子"。"吃几顿""几顿"也是宾语,我们可以说"吃几顿饭""几顿饭"。"捶她一顿""一顿"和一般宾语不一样,我们固然能说"一顿打",可是不说"打一顿打",也不说"捶她一顿打"。"回去一趟",我们可以说"回一趟家","一趟家"还是不单说。"一双"后头跟名词能单说,"一趟"后头跟名词不能单说,是两个极端。"一顿"介乎两者之间。我们管"一双"叫宾语,"一趟"叫准宾语,"吃一顿"的"一顿"是宾语,"打一顿"的"一顿"是准宾语。

行为次数也常常凭借行为的工具表示。"踢一脚"是用脚踢一下,"打两棍"是用棍子打两下。"一脚、两棍"都是准宾语。又如:

大水的光脑瓜儿上也挨了几棍子。(袁静)

他掏出手枪,对准敌人放了一枪。

准宾语可以跟宾语连用。跟代词宾语连用的时候,准宾语必须放在后头。例如:

人家没骂过我一声,没打过我一下。(老舍)
您告诉我们一声,我们也痛快点呀!(老舍)
大家集合一下帮助你一把。(李准)
学程看了他几眼,没有动。(鲁迅)
这句话像抽了他一鞭子。(杨尚武)
我叫了你半天。(曹禺)
你上哪儿去了?冲儿找你一晚上。(曹禺)

跟名词的宾语连用,准宾语放在前头的时候居多。例如:

婆婆家人口多,小梅一天要推两回碾子,作两顿饭。(袁静)
你问她一冬天拈过一下针没有?纺过一寸线没有?(赵树理)
又擦了一次粉,加了几件首饰。(赵树理)
小梅过了门,当了三天新媳妇,过了三天好日子。(袁静)
他已经上过二十多次医院了。(老舍)
咱还管过好几回过路军人的饭。(赵树理)
因为回了一趟卫家山的娘家,住下几天,所以来得迟了。(鲁迅)
三麻子很着恼,射了一眼崔硌碌。(袁静)
车里光线那么柔和,睡一会儿午觉也正好。(叶圣陶)
让他们打两天游击,管保过够山瘾了。(杨朔)

"作两顿饭"和"推两回碾子"结构很相像。因为"两顿饭"可以单说,"两回碾子"不单说。所以用两种分析法。"作两顿饭","两顿饭"是一个宾语前头带数量修饰语。"推两回碾子","两回"是准宾语,"碾子"是宾语。同样的,"拈过一下针没有?"结构和"纺过一寸线没有?"相像,"擦了一次粉"和"加了几件首饰"结构相像,"当了三天新媳妇"和"过了三天好日子"结构相像。

不过准宾语跟指人的名词宾语连用的时候,准宾语也常常放在后头。例如:

> 她看了艾艾一眼,艾艾仍然睡得那么酣。(赵树理)
> 二诸葛的脾气又上来了,瞪了小二黑一眼道:"由你啦?"(赵树理)
> 妈!王先生是咱们的恩人!他救过妹妹两次。(老舍)

就是跟一般的名词宾语连用,准宾语有时候也可以放在后头,比如说,"每月看两次电影"也可以说"每月看电影两次"。"他上星期去了一趟天津"也可以说"他上星期去了天津一趟"。

对于语法研究的一点感想、三点希望[*]

我对于语法是有兴趣的,现在的工作不在这方面,希望以后能够做些语法方面的工作。

近年来我们的语法研究发展得很快,我做学生的时候,大家不谈语法,要谈也是谈古代语法,线装书里的语法问题。现代语法研究是近几年的事,现在有很多年青同志参加这个工作,这是一种新的气象,这门科学会一天天发展,一定是后来居上。

对于语法研究提出我个人的三点希望:

(一)希望在研究普通话语法之外也有人研究各地方言的语法。研究方言语法可以扩大我们的眼光,加深我们的认识,使我们更能从语言本身考虑问题,不为文字所限。这对于普通话语法的研究只有好处,没有坏处的。方言里很有一些丰富多彩的东西,究竟哪些可以吸收到普通话里来,也要通过仔细的调查研究才能确定。

(二)希望多做一些专题研究,多做一些描写性的工作,要在小题目上面下大功夫。要先把事实真相弄清楚,先知道语言的事实"是"怎么样,然后才能说"应该"怎么样。研究古代语法也要分时代,分小题,甚至于一部书就可以作为语法分析的对象。例如《论语》《左传》《世说新语》都可以分开来研究。专题的描写性的语法多了,然后再进行历史的综合性的研究,就有了

---

[*] 1956年7月《中国语文》杂志社在青岛召开语法座谈会,本文是丁声树先生在会上的发言,"三点希望"部分曾发表于《中国语文》1956年第9期。

比较坚实的基础了。

（三）希望从汉语的实际出发，具体地分析具体的问题，不要从现成的定义出发，不要简简单单拿另外一个语言的语法系统硬套在汉语上。比如简简单单规定主语必须是动作者，宾语必须是动词的动作所涉及的，把这个定义应用到汉语上就会遇到许多困难，连"他姓王""我姓丁"这类极平常的话都解释不通了。如果说，"门口站着十个人"是主语倒装在后的句法，把它看作"十个人在门口站着"的倒装。姑无论"十个人在门口站着"和"门口站着十个人"的句法不同，意思不全一样。就让可以这么分析，试问像"门口站不了十个人""这把椅子坐不下两个人"这类句子又是什么样句法的倒装呢？这就是从一个不妥当的定义出发的弊病。

改进文风问题管见*

关于改进文风，我想谈这么几点：

先谈一下读文章和做文章的关系。从前的人做古文，做旧诗，主要是通过讽诵一些古文旧诗学会做的。"熟读唐诗三百首，不会吟诗也会吟。"这话实在有些道理。现在我们做的是白话文，话怎么说，就怎么写，当然自由多了。但是做文章究竟和说话还不完全相同。白话文也并不是容易做好的。我们也需要多读一些用白话写的好文章，看看好文章是怎么写的，自己努力学习，才有可能写出好文章来。这里所说的好文章自然是指思想内容和语言形式都好的文章，也就是指又准确又鲜明又生动的文章。要是不读文风好的文章，单靠语法修辞方面的书，恐怕是写不出来好文章的。因此我希望有关部门考虑一下，从典范的白话文著作中选出百把二百篇有代表性的好文章，编成一部模范文选，略加评注，广泛流通。有了这样一部好文章的选本，我们就可以拿来朝夕讽诵，仔细推寻，再加上一些语法修辞上的辅助知识，久而久之，写作能力自然逐步提高，文风也就渐渐地改好了。

其次，关于写作，我希望我们大家经常把毛主席那篇《反对党八股》取出来，细读几遍，鞭策自己。如果那里头所反对的我们都能改掉，所提倡的我们都能做到，那我们写出来的东西一定是好文章。这当然也需要刻苦学习，长期的努力，不是一下子就

---

* 《中国语文》1958年第5期组织了一次改进文风的讨论，并编辑"文风笔谈"栏目。丁声树先生时任《中国语文》主编，本文是他为该栏目写的短文。

能完全办到的。我在这里还想提出一个最低的要求，那就是，一篇文章起码也要写得词句通顺。词句通顺就是文从字顺，读起来顺口，听起来像话。我们写完一篇文稿之后，最好自己大声念它几遍，把不顺口的，不像话的都改成顺口的，像话的。我们今天的书刊里，词句不通顺的地方实在是很多的。

最后，谈一谈翻译工作。我们的文风和近几十年的翻译文字也有关系，这是大家都承认的。所以要改进文风，也需要不断地提高翻译文字的质量。解放以来，翻译工作已经有很显著的进步。特别可喜的是中共中央马克思、恩格斯、列宁、斯大林著作编译局在俄文翻译方面的努力。只要拿近几年这个编译局新译的经典著作和旧来的译本对读一下，就可以看出来新译本的文字真可以说是句斟字酌，后来居上了。这方面的翻译经验最好能总结一下，写成专著，供人参考。1957年12月出版的《马克思列宁主义经典著作译语汇编》已经是一部很好的参考书。如果能扩大范围，分别门类，再编一部比较全面的俄语汉译指南，那就更好了。其他各种外语的翻译工作也应当随时总结经验，不断提高。

以上是一时想到的，不知道是否妥当，提出来请大家批评讨论。

1958年4月

（原载《中国语文》1958年第5期）

湖北方言詞彙常見字説明[*]

調查詞彙的問題與調查所得的答案往往是不一致的，所以上表[①]中没有把常用詞彙部分的字登入。不過答案與問題儘管不合，而答案與答案之間却有不少一致的地方，例如把"什麽"説"麽事"，湖北很多處是相同的。像這類的詞，有些已有固定的字形；有些也可以由我們找出合適的字形來代表。這些字在音韵上佔很重要的位置，可是他們的音韵地位也往往發生問題。預先擇要説明，可以免去許多疑難。我們還在會話材料中間發現許多字，性質與詞彙一樣，就此一併提出。音韵地位無問題的一概從略。

下面各字的排列，仍以上表《廣韵》的音類爲序。遇《廣韵》音系無地位的字，則設法寄存。

果攝

他——第三位人稱代名詞，又"其他"之"他"，今多讀如麻韵，《廣韵》"他"（佗）屬歌韵，音託何切，訓"非我也"。

那——遠指詞。今多讀"拿"去聲。《廣韵》有兩那字：（1）歌韵"那，何也，盡也，都也，多也，……諾何切"；（2）箇韵奴箇切，訓"語助"。兩音兩義都跟現在不合。現在的"那"是另一個新起的字。

---

[*] 本文是《湖北方言調查報告》（趙元任、丁聲樹、楊時逢、吳宗濟、董同龢著，商務印書館1958年出版）"總説明"中的"調查用字表"所附的"詞彙常見字説明"，由丁聲樹先生起草。

① 指"總説明"中的"調查用字表"。下同。

哪——"哪個？""哪裏？"，今多讀"拿"上聲。有時候"哪"也寫作"那"與遠指詞不分。這個字的來源無考，今認爲新起字。（在義的方面與歌韵"那"的"何也"似乎有關係，但是音就不大對了。）

做——"做事"。這字現在有兩種讀法：（1）讀"左"去聲的合於《廣韵》箇韵的"作"；（2）讀"祖"去聲的合於《廣韵》暮韵的"作"。今以"做"爲上述兩"作"的新形。"作"又有入聲一讀，意義不同，仍用"作"形。

媽——見上表。

爸——父稱，讀音同"巴"或"巴"去聲。《集韵》禡韵"吳人呼父曰爸"，必駕切。《廣韵》果韵"爸父也"，捕可切，與今不合。

搽——"搽粉"，讀音同"茶"。《廣韵》麻韵"塗，塗飾"，宅加切。因爲"塗"字又有"途"音，所以又分化出一個"搽"形來代表"宅加切"的音。

炸——"爆炸"，讀同"詐"，新字。

岔，汊——《集韵》禡韵"汊，水歧流也"，楚嫁切。《字彙補》"岔，三分路也"，丑亞切。

查——"調查"，讀"叉"陽平。《廣韵》麻韵"查（楂）水中浮木，又姓……鉏加切"，音同義別。《正字通》："俗以查爲考察義。"

啥——疑問詞，讀"沙"上聲或去聲，或是"什麼"二字之合。

傢——"傢伙""傢俱"，從"家"字分化而出。

伢——"細伢""小伢"讀音同牙，義爲"小孩"，或即由

"牙""芽"引申。

爹——父稱或祖父稱。《廣韵》麻韵"爹羌人呼父也",陟邪切。依韵母説《廣韵》與現在的讀音是相合的,可是聲母《廣韵》屬"知",而現今讀如端。按《廣韵》音系,麻韵三等不能有端母存在,所以"爹"字的今讀只能算是新起的。

這——近指詞,讀"者"去聲或入聲,新字。清人謂"這"由"者"字來,但"者"字上聲,與今音去入聲未密合。

爺——祖父稱或父稱,讀"野"陽平。《玉篇》:"爺,以遮切,俗爲父爺字。"

麽——"麽事"讀"磨"上聲。《集韵》果韵"不知而問曰拾没",母果切。《集韵》寫"没",現在寫"麽",都算假借字。

躲——"躲避",讀"多"上聲。《玉篇》:"丁果切,躲身也。"

棵——"一棵樹",音義皆同"科"字。《廣韵》戈韵:"科條也,本也,品也,……苦禾切。"

伙——"傢伙""伙伴",讀音同"火"。"伙伴"的"伙"本作火,《木蘭詩》尚作"火伴"。"傢伙"的"伙"是借字。

夥——"夥計",讀音同"火",新字。《廣韵》有兩"夥"字,一音"懷卝切",一音"胡果切",都訓"多",音義全不合,"夥計"或寫作"伙計",見上。

耍——"玩耍",新字,讀如"山瓦切"。

傻——"傻瓜",讀"沙"上聲。《廣韵》馬韵"傻,傻俏不仁"，沙瓦切。與今開合不同。

垮——倒坍也，讀"誇"上聲，新字。

娃——"小娃娃"，讀"瓦"陽平，新字。《廣韵》佳韵"娃，美女貌，於佳切"，音義皆不同。

遇攝

埠——"商埠"，讀同"步"，《正字通》云："埠同步，船舶埠頭。"唐宋詩文皆用"步"字。柳宗元《永州鐵鑪步志》云："江之滸凡舟可縻而上下者曰步。"

粗——"粗糙"，讀"醋"陰平。《廣韵》模韵"麁，疎也，大也，物不精也，本亦作麤"，倉胡切。《集韵》"麁"作"粗"。又《廣韵》姥韵："粗麤也，略也，徂古切，又千胡切。"

錯——"錯誤""錯綜"讀"搓"去聲。《廣韵》"錯"屬暮韵，千故切。

蝴——"蝴蝶"，本作"胡"，"蝴"是新形。

鬍——"鬍鬚"，本作"胡"，"鬍"是新形。

蟹攝

獃——"癡獃"，讀"戴"陰平。《廣韵》咍韵"懛，懛劓失志貌"，丁來切。"獃"字本屬疑母，現在都把它當"懛"用。

睬——"不睬人"＝北平"不理人"，讀同"采"。《字彙補》："此宰切，偢睬，俗言也，詞家多用此字。"

還——"還有"，讀同"孩"。《廣韵》删韵："還，反也，退也，顧也，復也，戶關切……。"

婿——"女婿"，《廣韵》霽韵"婿，女夫"，蘇計切。今讀同"細"者與《廣韵》合，讀同"絮"者與《廣韵》異。

止攝

仔——"仔細"，讀同"子"，借字。《廣韵》止韵"仔，克也，即里切"，音同義別。

撕——"撕碎"，本作"斯"。《廣韵》支韵"斯"息移切，引《説文》"析也"。"撕"本"提撕"字，《廣韵》先稽切，音義均與今異。

舐——"用舌頭舐"，讀同忝。《廣韵》紙韵"舐，以舌取物"，神紙切，義同音別。《集韵》忝韵"餂，取也"，他點切。《孟子》朱注："今人謂以舌取物曰餂。"

企——站立也，讀同"妓"。《廣韵》有兩"企"字，一音丘弭切，一音去智切，都訓爲"企望"，音義不合。紙韵有"徛"字，渠綺切，訓"立也"，音義都合。今通寫作"企"字。

椅——"坐椅"，讀同"倚"。"椅"本木名，《説文》"梓也"。作"坐椅"用，實是從"倚"字引申來的。《洪武正韵》："俗呼坐凳曰椅子。"又《正字通》："坐具有倚者。"

汽——"蒸汽""汽車"即"氣"字。《集韵》尾韵"汽"，丘既切，"水氣也"。

霉——"發霉""倒霉"，讀同"眉"。"霉"本作"黴"，

《廣韵》脂韵"黴,黧垢腐貌",武悲切。

餧——"餧飯",《廣韵》寘韵"餧,餧飯也",於僞切。

效攝

呆——"呆板",讀"騃"陽平。"呆"本來是"保"的古文,"呆板"應當寫作"獃板"。正因現在把"獃"當"憨"用(見上),又拿了一個不相干的"呆"來代"獃"。

套——物相重也,讀"討"去聲。(《集韵》號韵作"套",叨號切,《康熙字典》引其訓曰:"凡物重沓者爲套。"《集韵》原文謂爲地名"胡盧套"之"套"。)《廣韵》晧韵也有個"套"字,音義都不合。

抄,鈔——"抄寫",或作"鈔",讀"炒"陰平。《廣韵》肴韵"抄(鈔),略也",楚交切。

抓——"抓住""抓癢",讀"渣"合口。《廣韵》肴韵"抓"側交切,"抓掐"。

找——"找人",音"爪",新字。

票——"票據",讀"飄"去聲,新字。《廣韵》宵韵"票,《説文》曰:火飛也",撫遥切,音義都不合。

流攝

夠——"足夠",讀"鈎"去聲。"够"本作"觳",《廣韵》候韵古候切"張弩也",引申就是足夠的意思。《廣韵》侯韵有"够"字,音古侯切,訓"多也",音義都不切合。

咸攝

坍——"坍塌",讀"毯"陰平,本作坤,《廣韵》談韵"坤,水衝岸壞",他酣切。

砍——"砍倒",讀"堪"上聲。《廣韵》《集韵》都無"砍"字。《篇海》:"苦感切,砍斫也。"

俺——"俺們"="我們",讀"庵"上聲,新字。"俺們"這個詞很有從"我們"演化來的可能。"我們"有些地方現在還讀成 [ˊa·mən],就很容易變成 [ˊam·mən]。[ˊa] 變成 [ˊam] 就不能再寫"我",於是就有個新字"俺"應運而出了。

淹——"淹水",湖北多讀"黯"陰平。《廣韵》鹽韵"淹,漬也,滯也,久留也,敗也,央炎切",音不切合。咸韵有"潙"字,訓"潙没",乙咸切,正爲"黯"之陰平。

賺——"賺錢",《集韵》陷韵直陷切,"賣也,一曰市物失實"。《廣韵》作"賺"。

臉——"臉面"讀同"歛"。《集韵》琰韵"臉,頰也",居奄切。

佔——"佔據"讀"瞻"去聲。"佔"本作"占",《廣韵》豔韵:"占,固有也,章豔切。"

拉——見特字表。

山攝

趕,赶——"追趕",讀"干"上聲,新字。

騙——"欺騙",讀"篇"去聲,假借字。《廣韵》線韵

"騳，躍上馬，匹戰切"，音同義別。(皮簧戲中還有"騳馬"一詞，與《廣韵》義同。)

撚——逐也，讀"年"上聲。《集韵》銑韵"蹨，蹈也，逐也"，乃殄切。"撚"字是"蹨"的新形。

搬——"搬運"，讀同"般"。"搬"是"般"的新形，《廣韵》桓韵"般，般運"北潘切。

頁——"一頁書"，本即"葉"字。

宕攝

綁——縛也，讀同"榜"，新字。

攩——阻也，讀同"黨"，假借字。《集韵》蕩韵"攩"底朗切，引《説文》"朋羣也"。音合義別。此字又有寫作"擋"的，連音也不同了，《廣韵》"擋"丁浪切，訓"摒擋"。

躺——臥也，讀"湯"上聲。這個字大概本是"逿"字。《集韵》蕩韵"逿，申足伏臥"，坦朗切。"躺"是個新起的形體。

缸——"水缸"，讀同"綱"。此字本作"瓨"或"堈"，《廣韵》唐韵"堈（瓨），甕也"，古郎切。"缸"字見江韵，下江切，訓"罌缸"，義合音別。

胖——"肥胖"，讀"滂"去聲。此字本作"胓"。《廣韵》絳韵"胖脹臭貌"，匹絳切。又《玉篇》："胓，脹也。"

漲——"漲價"，"張"上聲。此字本來就是"長"（上聲）。後來"長"只限於生物的生長用，"漲價""水漲"等用"漲"字。

嚷——"嚷鬧"，讀"讓"上聲。這個字大概是由"攘"字分化出的新形。《廣韻》養韻"攘，擾攘"，如兩切。

强——"勉强"，讀"羌"上聲。《廣韻》養韻"强，迫也，勉也，其兩切"，與今音小異。

深攝

怎——"怎麼"，讀如寢韻莊母，新字。

臻攝

很——"很好"，《廣韻》很韻"很戾也，俗作狠"，胡墾切。今"很好""狠毒"都讀呼墾切。

拚——"拚命"，讀如真韻滂母。照現在的音讀，這個字當寫作"闐"。《廣韻》真韻"闐，闐爭"，匹賓切。"拚"《廣韻》屬線韻"拚，擊手"，皮變切，音義都不合。

儘——"儘前"，讀"津"上聲。此字本作盡，《廣韻》軫韻，即忍切，引《曲禮》"虛坐盡後"。"盡"又有慈忍切一讀，訓"竭也，終也"，現在形音義都仍舊。

吩咐——本作"分付"。

份——"一份禮"，讀"焚"去聲。此字本就是"分"去聲，"份"是新形。

没——"没有"，國音讀同"眉"，新字。《廣韻》没韻"没沈也……"，莫勃切，音義皆不同。當"沈没"用的"没"，如今仍讀"莫勃切"。

曾攝

    疼——"疼痛",讀同"騰"。依現在的音,這字當寫作"䟰",《廣韵》登韵"䟰,䟰痛",徒登切。疼見冬韵,音徒冬切,訓"痛也",音不相合。

    媳——"媳婦",讀同"息",此字本即"息"。

梗攝

    咳——"咳嗽",讀同"客"。《廣韵》陌韵"喀,吐聲",苦格切。"咳"是新形。

河南省遂平方言记略 *

壹 遂平方言声韵调

1.1 遂平方言声母十九个，包括零声母。

p	半别八	p'	伴怕婆	m	门米麻		f	飞翻发
t	到道答	t'	太同塔	n	南怒纳		l	路吕辣
ts	祖朝知	ts'	仓巢尺			s	散山失	z	认入日
tɕ	杰姜吉	tɕ'	齐旗戚			ɕ	先系锡		
k	贵跪谷	k'	葵课哭			x	话亥胡		
ø	闻严闰而暗袄衣移邑							

1.2 遂平方言韵母三十七个，不包括轻声韵母 [ə] [e] 和 [ɛ]。儿化韵另列。

ɿ	资知事石	i	地第里力	u	胡步锄哭	y	屈吕雨玉
ɑ	爬拔沙插	iɑ	架夹虾牙	uɑ	花刮瓜画		
ɤ	河合车热			uo	和火脱沃	yo	药确学雀
ɔ	刀烧老告	iɔ	调消小咬				
		ie	铁姐接斜			ye	月欲血缺
ɚ	而尔贰						
æ	盖代海宅	iæ	介	uæ	怪乖外		

---

* 遂平在河南省中部，今驻马店市以北。丁声树先生1955年7月19日至21日记录了遂平方言，发音合作人是当时在中央民族学院学习的赵启汉同志。记字音用的是语言研究所编的《方言调查简表》(541)；记词汇用的是语言研究所方言组油印的词汇表。本文由张振兴根据这些记录整理而成。全文分三节：(壹) 遂平方言声韵调；(贰) 遂平方言同音字表；(叁) 遂平方言词汇。(该注为《方言》杂志编者所加)

ei	睡披推内			uei	桂会水亏			
ou	斗丑手口	iou	流幼休秋					
an	乾单敢南	iɛn	间连减厌	uan	短团换	yɛn	权犬远院
ən	根身忍肯	in	林紧秦近	uən	魂存文顺	yn	云旬运
ɑŋ	党帮上张	iɑŋ	良亮祥羊	uɑŋ	床双光忘		
əŋ	庚彭争杏	iŋ	灵平形英	uŋ	红冬用共	yŋ	穷龙兄

遂平方言已经记录到的儿化韵有以下十八个：

ar　哪儿 nɑrˀ 什么地方｜（刀）把儿 pɑrˇ

iar （豆）芽儿 iarˇ

uar （小）裤儿 kuarˇ｜（酱）瓜儿 kuarˇ｜拍拍话儿 p'æɛrˇ
　　　 p'æɛrˇ xuarˇ 聊天

ər 背儿 pərˇ｜本儿 pərˀ｜根儿 kərˇ（树）枝儿＝（小）针儿 tʂərˇ｜（小）吃儿 tʂ'ɛrˇ｜食儿＝神儿 ʂərˇ｜（刀）刃儿 zərˇ

iər 鸡儿＝今儿 tɕiərˇ｜几儿 tɕiərˀ｜印儿 iərˇ｜声音儿 ʂəŋ iərˇ｜后衣儿 xou（ˇ）iərˇ 后天｜上面儿 ʂɑŋ miərˇ｜下面儿 ɕiɑ miərˇ

uər 栽ʕ盹儿 tsæɛr tʂuərˀ 打盹儿｜围嘴儿 uei tʂuərˇ｜车毂轮儿 tsʻɤˇ kuˀ luərˇ（ˇ）｜（小）柜儿＝（小）棍儿 kuərˇ｜（秤）锤儿＝（嘴）唇儿 tʂʻuərˇ

yər （小）鱼儿＝（小）云儿 yərˇ

ɜr （鞋）帮儿＝（戏）班儿 pɜrˇ｜（两）半儿＝伴儿 pɜrˇ｜牌儿＝棚儿＝盘儿 p'ɜrˇ｜瓢儿 zɜrˇ｜秧儿 zɜrˇ｜剥老盖儿 puoˀ lɔˀ kɜrˀ 膝盖｜白干儿 pæɜˀ kɜrˇ 白酒

iɜr （房）檐儿＝（帽）沿儿＝（小）羊儿＝爷 iɜrˇ｜样儿＝夜儿 iɜrˇ 昨日｜门欠儿 mənˇ tɕʻiɜrˀ｜门坎儿｜娘儿们 niɜrˇ mənˀ

女人

uɜr　官儿 kuɜr˨｜（小）罐儿 kuɜr˥｜环儿 xuɜr˧｜虫儿＝
　　　床儿 tʂʻuɜr˨｜乡庄儿 ɕiaŋ˧ tʂuɜr˨ 乡村｜胡洞儿 xu˨ tuɜr˥
　　　巷子

yɜr　卷儿 tɕyɜr˧

ɔr　　道儿 tɔr˥｜月老老儿 yeʌ˥ lɔr˧ 月亮

iɔr　（末）了儿 liɔr˧

ur　　壶儿 xur˨｜（小）书儿 ʂur˧｜八月十五儿 pa˧ yeʌ˥ sʅ˧ ur˧
　　　中秋

ɤr　　歌儿 kɤr˧

uor　 锅儿 kuor˧｜座儿 tʂuor˥

our　 兜儿 tour˧｜奶头儿 næ˥ tʻour˧

iour　袖儿 ɕiour˥

　　从声母和韵母的配合关系来看，遂平方言的重要特点是 [ts tsʻ s z] 跟儿化韵相拼时，读成 [tʂ tʂʻ ʂ ʐ]，例如：针 tsən˧（小）针儿 tʂər˧｜嘴 tsuei˧ 围嘴儿　uei˨ tʂuər˧‖吃 tsʻʅ˧（小）吃儿 tʂʻər˧｜唇 tsʻuən˨（嘴）唇儿 tʂʻuər˨‖丝 sʅ˧ 丝儿 ʂər˧｜三 san˧ 三儿 ʂar˧‖刃 zən˥（刀）刃儿 ʐər˥。

1.3　遂平方言声调四个，不包括轻声。

　　阴平　[˧] 213　刚开施书日竹
　　阳平　[˨] 42　穷寒鹅时十石
　　上声　[˥] 55　古口好五女老
　　去声　[˥] 412　近社盖抗共害

　　遂平方言没有入声。古清音声母、次浊声母入声字，今主要读阴平，如"竹曲黑各日木纳"等；古全浊声母入声字今主要读阳平，如"局合食舌"等。

贰　遂平方言同音字表

同音字表所收的单字，主要依据《方言调查简表》(541)的字音记录，少数单字是从词汇的记录中补充的。有的字读音特别，记录时已特别注明某字读如某字，如"˻妇=夫，˻姑=古"，下文改用小字注在右下角，如"˻妇₌夫，˻姑₌古"；有的字两读，记录时有的注明用例，如"˻负 fu ˥，˻负债；负˒ fu ˪，正负˒"，有的注明文读或白读，下文都用小字在右下角注明用例或文白读。个别两读字只在右下角注出数码以示区别。

[ɿ]

ts　[˪]知枝　[˪]侄直质　[˪]自字治制

ts'　[˪]尺赤吃　[˪]迟辞词瓷雌　[˥]齿耻

s　[˪]狮师 思斯 示₌思 施失　[˪]拾时匙十食石

　　[˥]死屎　[˪]世视四士事是试 㹀~牛:母牛

z　[˪]入日

[i]

p　[˪]逼鼻 ˻必₌鼻　[˥]比　[˪]蔽闭臂₁

p'　[˪]皮 ˻匹₌皮

m　[˥]米

f　[˪]肥　[˪]费

t　[˪]笛　[˥]底的

t'　[˪]提

n　[˪]泥尼　[˥]你　[˪]匿溺腻

l　[˪]立栗力　[˪]离历　[˥]李里　[˪]例

tɕ [˅]机鸡吉激急 [˅]集极及 [˅]祭计忌

tɕ' [˅]妻七戚 [˅]奇箕簸~ [˅]气器

ɕ [˅]西希吸息锡 [˅]习席媳 [˧]喜洗 [˅]系戏

ø [˅]衣 [˅]移夷疑邑逸逆疫役 [˧]矣蚁蚂~
    [˅]艺义意忆

[u]

p [˅]布步

p' [˧]扑仆

m [˅]木目 [˧]亩母 [˅]暮没

f [˅]夫ᶜ妇＝夫 [˅]扶浮拂佛服 [˧]附ᶜ负~债
    府ᶜ缚＝府 [˅]负ᵓ正~

t [˅]笃 [˧]毒乌~水：温水 [˅]杜肚ᵓ

t' [˅]突秃 [˧]土

n [˅]奴

l [˅]鹿陆绿文

ts [˅]诸猪竹足文 [˅]逐卒族浊

ts' [˅]锄 [˧]楚ᴸ

s [˅]书舒~坦 速 [˅]赎熟蜀玉~黍 [˅]素树

z [˅]肉辱 [˅]如 [˧]儒汝

k [˅]孤榖 [˧]古ᶜ姑＝古 [˅]故

k' [˅]哭酷

x [˅]胡糊斛 [˅]户

ø [˅]乌污屋物 [˧]武五戊午 [˅]恶可~

[y]

n [˧]女

l	[↙] 绿白	[↘] 驴	[⏋] 吕缕
tɕ	[↙] 菊鞠足白	[↘] 局	[⏋] 举	[↘] 句聚
tɕʻ	[↙] 区屈曲
ɕ	[↙] 虚旭畜肃	[↘] 徐俗	[⏋] 许	[↘] 序
ø	[↙] 欲狱	[↘] 余愚	[⏋] 雨羽	[↘] 遇玉鬱域育郁

[ɑ]

p	[↙] 巴泥~八	[↘] 拔	[⏋] 把靶~子
m	[↙] 妈妈头儿	[↘] 麻蚂~蚁
f	[↙] 发髮	[↘] 伐
t	[↙] 答	[↘] 达叔父	[⏋] 打	[↘] 大
tʻ	[↙] 塔
n	[↙] 纳	[↘] 拿
l	[↙] 腊辣
ts	[↙] 扎札	[↘] 杂炸油~铡	[⏋] 闸	[↘] 炸~弹
tsʻ	[↙] 插擦	[↘] 茶查察＝查
s	[↙] 沙撒~鸡窝杀刹	[↘] 蛇₂	[⏋] 撒~种	[↘] 啥什么

[iɑ]

tɕ	[↙] 家甲＝家,~虫夹	[⏋] 假甲＝假,~乙
tɕʻ	[⏋] 卡恰＝卡
ɕ	[↙] 虾瞎	[↘] 狭	[↘] 下
ø	[↙] 鸦鸭	[↘] 牙涯₂	[↘] 亚轧＝亚

[uɑ]

| ts | [↙] 抓 |

s   [↗]刷 [¬]耍
k   [↘]瓜 [↘]卦
k'   [↘]夸
x   [↘]化画
ø   [↘]蛙袜凹 [¬]瓦

[ɤ]

p'   [↘]婆
ts   [↘]辙辄
ts' [↘]车涉 =车，~水
s   [↘]蛇₁ [↘]社射
z   [↘]热 [¬]惹
k   [↘]歌鸽割各
k'   [↘]壳
x   [↘]喝~酒喝~道 [↘]河盍鹤
ø   [↘]恶~毒

[uo]

p   [↘]剥勃不 [↘]簸
p'   [↘]波坡
m   [↘]末 [↘]摩 [¬]某
t   [¬]躲 [↘]舵
t'   [↘]脱托 [¬]妥
n   [↘]诺
l   [↘]洛 [↘]罗骡
ts   [↘]拙作桌捉着住~ [↘]酌 [¬]左 [↘]坐助=坐

ts'	[↙] 戳邮~	[↘] 戳动词	[┐] 楚₂
s	[↙] 缩	[┐] 所锁	[↘] 数
z	[↙] 若弱
k	[↙] 郭	[↘] 鸹老~：乌鸦	[↘] 过
k'	[↙] 科阔	[↘] 课
x	[↙] 霍	[↘] 活	[┐] 火	[↘] 祸
ø	[↙] 窝沃握	[┐] 我	[↘] 卧

[yo]

tɕ	[↙] 角牛~脚爵	[↘] 嚼	[↘] 角一~钱
tɕ'	[↙] 确雀
ɕ	[↙] 削	[↘] 学
ø	[↘] 岳虐约

[ɔ]

p'	[↘] 袍	[┐] 跑	[↘] 炮
m	[↙] 犝~牛：公牛	[□] ~事：故事	[↘] 帽貌茂
f	[┐] 否
t	[↙] 刀	[↘] 道
t'	[↙] 淘~气
n	[↙] 孬坏	[↘] 闹
l	[↘] 牢	[┐] 老
ts	[┐] 早找	[↘] 灶赵罩
ts'	[┐] 草炒	[↘] 造
s	[↘] 韶绍=韶	[↘] 扫
z	[↘] 饶

k [˩] 告
x [˩] 毫
ø [˩] 奥

[iɔ]

p [˩] 彪
pʻ [˩] 飘
m [˩] 缪
t [˩] 掉~了
tʻ [˩] 条调~羹儿筶~帚
n [˥] 鸟
l [˩] 燎₁聊 [˥] 燎₂~茶了掉~
tɕ [˩] 椒 [˩] 轿
tɕʻ [˩] 敲
ɕ [˩] 消萧嚣 [˥] 小晓 [˩] 孝
ø [˩] 妖 [˩] 摇尧 [˥] 咬

[ie]

pʻ [˩] 撇
m [˩] 灭
t [˩] 跌
tʻ [˩] 铁帖
n [˩] 聂镊捏
tɕ [˩] 接竭节结革 [˩] 杰
tɕʻ [˩] 刻客克二字又音 kʻie
ɕ [˩] 歇黑赫又音 xe [˩] 斜 [˩] 谢

| ∅ | [↘]孽谒噎 [↘]爷 [┐]野

[ye]

| l | [↘]劣₁
| tɕ | [↘]决掘 [↘]绝
| tɕ' | [↘]缺 [↘]瘸
| ɕ | [↘]薛血雪 [↘]穴
| ∅ | [↘]越阅 [↘]月

[ɚ]

| ∅ | [┐]尔而 [↘]贰

[æɛ]

| p | [↘]伯 [↘]白 [↘]拜败
| p' | [↘]拍 [↘]派
| m | [↘]麦 [┐]买
| t | [↘]得 [↘]代
| t' | [↘]泰太~阳
| n | [┐]乃奶
| l | [↘]列烈勒 [↘]赖劣₂=赖
| ts | [↘]灾斋栽摘责窄 [↘]泽宅 [┐]宰则=宰 [↘]再在债寨
| ts' | [↘]猜差当~测拆策=猜 [↘]柴瘥瘦 [┐]采 [↘]蔡
| s | [↘]腮筛色涩瑟 [↘]赛晒
| k | [↘]该 [↘]盖
| x | [↘]核 [┐]海 [↘]亥害

∅ [˨] 哀艾 [˥] 矮厄额

[iæɛ]

tɕ [˨] 街 [˥] 解 [˩] 介
ɕ [˨] 鞋谐
∅ [˨] 涯₁崖

[uæɛ]

ts' [˥] 揣
s [˨] 衰
k [˨] 乖国 [˩] 怪
k' [˨] 快
x [˩] 怀或获
∅ [˩] 外

[ei]

p [˩] 卑碑悲杯北 [˩] 倍贝臂₂
p' [˩] 披
m [˩] 梅眉
t [˩] 堆 [˩] 对兑
t' [˩] 推 [˩] 退
n [˩] 内
l [˩] 累类
ts [˩] 贼
s [˩] 谁₂ [˩] 睡
k [˩] 给我~你：我和你

[uei]

ts [↙] 追锥 [┐] 嘴 [↘] 罪最缀辍
ts' [↘] 垂 [↘] 脆翠
s [↙] 虽 [↘] 谁₁ [┐] 水 [↘] 岁税
z [┐] 蕊
k [↙] 归闱 [↘] 桂柜
k' [↙] 亏 [↘] 葵
x [↙] 灰徽 [┐] 毁 [↘] 会惠
ø [↙] 桅危威 [↘] 围 [┐] 委 [↘] 卫位味

[ou]

t [↙] 兜 [┐] 斗 [↘] 豆
t' [↘] 头
l [↘] 漏
ts [↙] 周 [↘] 奏
ts' [↙] 抽 [↘] 绸仇愁 [┐] 丑
s [┐] 手 [↘] 寿瘦
z [↘] 柔
k [↙] 沟 [┐] 狗
k' [┐] 口
x [↘] 侯 [↘] 后
ø [↘] 欧 [↘] 牛~犊儿 [┐] 藕

[iou]

t [↙] 丢

n [ㄱ]纽 [ㄴ]谬
l [ㄴ]流
tɕ [ㄴ]纠 [ㄴ]舅
tɕ' [ㄴ]秋 [ㄴ]囚
ɕ [ㄴ]休 [ㄴ]袖
ø [ㄴ]忧 [ㄴ]由 [ㄴ]幼

[an]

p [ㄱ]板 [ㄴ]办
p' [ㄴ]判盼
m [ㄴ]慢
f [ㄴ]翻 [ㄴ]凡範=凡 [ㄴ]范饭
t [ㄴ]单
t' [ㄴ]贪 [ㄴ]谈谭
n [ㄴ]南难困~ [ㄴ]难苦~
l [ㄴ]兰
ts [ㄴ]沾 [ㄴ]咱 [ㄱ]展斩 [ㄴ]暂站赞栈
ts' [ㄴ]餐搀 [ㄴ]蚕蝉 [ㄱ]惨
s [ㄴ]山三衫删 [ㄱ]陕闪 [ㄴ]扇
z [ㄴ]然 [ㄱ]染
k [ㄴ]乾~湿 [ㄱ]感敢 [ㄴ]幹
k' [ㄴ]看
x [ㄴ]酣 [ㄴ]含 [ㄴ]汉
ø [ㄴ]安庵 [ㄱ]俺

[iɛn]

p [ㄴ]边 [ㄱ]贬扁 [ㄴ]辨

p' [ˇ]偏 [ˋ]片
m [ˇ]棉 [ˋ]面
t [ˊ]典 [ˋ]店
t' [ˇ]甜
n [ˇ]年 [ˋ]念
l [ˇ]联廉连
tɕ [ˇ]监~察奸间 [ˊ]减硷剪 [ˋ]监太~渐件见健
tɕ' [ˇ]千谦 [ˇ]前钱钳 [ˋ]欠
ɕ [ˇ]贤衔嫌 [ˊ]险 [ˋ]陷限宪
ø [ˇ]腌烟 [ˇ]盐严言缘颜 [ˊ]演眼 [ˋ]厌晏砚

[uan]

t' [ˇ]团
l [ˋ]乱
ts [ˋ]篡
ts' [ˇ]船
s [ˋ]算
z [ˊ]软
k [ˇ]官鳏
x [ˇ]欢 [ˇ]还环 [ˋ]换
ø [ˇ]弯 [ˇ]顽 [ˊ]碗晚

[yɛn]

l [ˋ]恋
tɕ [ˇ]倦
tɕ' [ˇ]全权 [ˊ]犬

| ɕ | [ˇ] 喧 | [ˊ] 玄旋 |
| ø | [ˇ] 渊 | [ˊ] 元园 [ˋ] 远 [ˊ] 院 |

[ən]

p	[ˇ] 本
p'	[ˊ] 喷
f	[ˊ] 分
n	[ˇ] □你们
ts	[ˊ] 增针 [ˋ] 正
ts'	[ˊ] 伸白深白 [ˊ] 沉岑陈辰晨 [ˋ] 衬
s	[ˊ] 伸文深文申身森 [ˊ] 神 [ˇ] 审 [ˋ] 甚
z	[ˋ] 壬 [ˇ] 忍 [ˋ] 刃
k	[ˊ] 跟根
k'	[ˇ] 肯

[in]

p'	[ˋ] 贫
m	[ˇ] 敏
l	[ˊ] 林邻
ts'	[ˊ] 秦
tɕ	[ˊ] 金斤 [ˇ] 紧 [ˋ] 近
ɕ	[ˊ] 心欣新
ø	[ˊ] 音因 [ˋ] 银 [ˇ] 隐 [ˋ] 孕

[uən]

| t | [ˋ] 顿 |

t' [ˋ] 豚

l [ˋ] 论嫩

ts [ˋ] 遵

ts' [ˋ] 春椿 [ˊ] 存唇纯

s [ˋ] 孙 [ˋ] 顺

k [ˉ] 滚

k' [ˋ] 坤

x [ˋ] 昏 [ˊ] 馄~饨魂

ø [ˋ] 温 [ˊ] 文

[yn]

l [ˊ] 淋

tɕ [ˋ] 均君

ɕ [ˋ] 勋 [ˊ] 寻旬 [ˉ] 笋

ø [ˊ] 云 [ˉ] 允 [ˋ] 运闰

[ɑŋ]

p [ˋ] 帮

p' [ˋ] 旁

f [ˋ] 房芳＝房

t [ˋ] 当 [ˉ] 党

n [ˋ] 囊

ts [ˋ] 张

ts' [ˋ] 常 [ˋ] 唱创~造

s [ˋ] 桑 [ˋ] 上

k' [ˋ] 抗

x　[˧˥]行银~
ø　[˧˥]昂

[iaŋ]

n　[˧˥]良娘　[˥˩]让
l　[˥˩]亮
tɕ　[˧˥]江　[˧˩]讲
ɕ　[˧˥]香乡　[˥˩]详祥　[˥˩]巷
ø　[˥˩]央　[˧˥]羊洋　[˧˩]仰

[uaŋ]

ts　[˧˥]桩庄　[˥˩]撞状
tsʻ　[˧˥]窗　[˧˥]床
s　[˧˥]双
k　[˧˥]光
kʻ　[˧˥]筐　[˧˥]狂　[˥˩]况匡=况
x　[˧˥]黄　[˧˩]谎
ø　[˧˥]汪　[˥˩]枉冤~　[˥˩]忘枉~死城

[əŋ]

p　[˧˥]崩
pʻ　[˧˥]朋彭棚蓬　[˥˩]碰
m　[˧˥]蒙萌　[˥˩]孟梦
f　[˧˥]风封　[˥˩]奉
t　[˧˩]等　[˥˩]邓橙凳
n　[˧˥]能

l	[˥] 冷
ts	[˧] 徵争贞蒸 [˨] 政郑
ts'	[˧] 撑 [˨] 承乘澄成
s	[˧] 生僧 [˨] 绳 [˨] 剩
z	[˧] 扔 [˥] 仍
k	[˧] ₂更耕庚 [˨] 更²
k'	[˧] 坑
x	[˧] 亨哼 [˨] 恒 [˨] 杏
∅	[˨] 硬

[iŋ]

p	[˧] 冰兵 [˥] 丙禀
p'	[˨] 平瓶
m	[˨] 名
t	[˥] 顶
n	[˨] 宁
l	[˨] 陵灵 [˨] 令
tɕ	[˧] 京经
tɕ'	[˧] 轻清 [˥] 顷₂一~地 [˨] 庆
ɕ	[˧] 星兴 [˨] 形 [˨] 幸
∅	[˧] 英莺樱 [˨] 凝盈营萤 [˨] 应

[uŋ]

t	[˧] 冬 [˨] 洞
n	[˨] 农
l	[˨] 笼隆 [˨] 弄

ts [˩] 中钟
ts' [˩] 充冲 [˥] 宠崇 [˩] 铳
s [˩] 鬆 [˩] 宋送
z [˩] 雍 [˩] 荣绒融茸 [˥] 勇 [˩] 用
k [˩] 公弓宫恭 [˩] 共供
k' [˩] 空 [˥] 恐
x [˩] 轰 [˩] 宏红 [˩] 横?
ø [˩] 翁

[yŋ]

l [˩] 龙
tɕ [˥] 迥
tɕ' [˩] 顷₁倾 [˩] 琼穷
ɕ [˩] 凶兄嵩胸松 [˩] 雄 [˩] 诵
ø [˥] 永

叁 遂平方言词汇

以下词汇按词汇表的分类顺序排列。每个条目横线后是遂平方言的说法，遂平用字与条目相同时不重复。意思相同或相关的说法列在一起，用单竖线隔开，必要时在右下角用小字注释。词汇里有些字的声调和单字调不同，可能和变调有关，这时候就把单字调放在后面的圆括弧里，以资参考。词汇记音里有好些处 [˩] 21 调，不见于单字调，都不加注。轻声一律写作 [˧]。还有三个轻声音节需要说明一下：①"了"[lə˧]，表示行为动作将要开始；②"了"[le˧]，表示行为动作已经开始；③"哩"[li˧]，表示行为动作正在进行。

1

太阳——t'æɜ˩ iaŋ˧ | 日头 ʐ˧ t'ou˩
月亮——ye˧ liaŋ˧ | 月老老儿 ye˧ lɔ˥ lɔr˩ 小孩说歌谣用
下雨了——ɕia˩ yɿ˧ le˩ 雨开始下 | 下了 ɕia˩ le˩
打雷——打雷哩 ta˧ lei˧ li˩ 正在打雷
打闪——打闪哩 ta˧ san˧ li˩ 正在打闪
下雪了——ɕia˩ ɕye˧ le˩ 雪开始下
雪化了——ɕye˧ xua˩ lə˩
冰凌——冰龙 piŋ˧ lyŋ˧
雹——冷子 ləŋ˥ tsə˩
中秋——八月十五儿 pa˩ ye˧ sɿ˧ ur˧
除夕（阴历）——三十儿黑了 san˧ ʂər˧ ɕie˩ li˩ 晚上 | 年三十儿 niɛn˧ san˧ ʂər˧ 白天

2

泥土——泥巴 ni˧ pa˩
凉水——liaŋ˧ suei˧ (˥)
温水——乌毒水 u˧ tu˥ suei˥ 不能喝的
失火了——sɿ˧ xuo˥ le˩

3

乡村——乡庄儿 ɕiaŋ˧ tʂu3r˩ | 庄儿 tʂu3r˩
巷子——胡洞儿 xu˧ tu3r˩ | 谷弄道儿 ku˧ luŋ˧ tɔr˩ 小的窄的胡同
过道——kuo˥ tɔ˩ 院中过堂道
门坎儿——门欠儿 mən˧ tɕ'iər˩
厨房——灶火 tsɔ˥ xuo˩
烟囱——气眼 tɕ'i˩ iɛn˩

4

女人——娘儿们 niɜ↗ mən˧ 又指母子

男孩子——小子 ɕiɔ˥ tsə˧

女孩子——小妮儿 ɕiɔ˥ niər˧

单身汉——光鬼儿汉 kuaŋ˧ kuər˥ xan↘

5

伯父——大爷 ta↘ ie˧ | 伯 pæɜ↗

伯母——大娘 ta↘ niaŋ˧

叔父——达 ta↘

叔母——婶儿 ʂər˥

妻——媳妇儿 ɕi↘ fur˧ | 家里 tɕia↘ li˧

外祖父——老爷 lɔ˥ ie˧

女儿——闺女 kuei↘ ny˥

女婿——ny˥ ɕy˥ | 客 tɕ'ie˧ 尊称、爱称

6

额——眉骨头 mei↘ ku˧ t'ou↘

耳朵——耳道 ər˥ tɔ˧

手指——ts指 = 枝头 tsɿ˥ t'ou↘

大拇指——大拇 ts指头 ta↘ mu˧ tsɿ˥ t'ou↘

无名指——害眼手 ts指头 xæɜ↘ iɛn˥ sou↘ tsɿ˥ t'ou↘

指甲——tsɿ˥ tɕie˧

膝盖——剥老盖儿 puo↘ lɔ˥ kɜr↘

肚脐儿——肚摸脐儿 tu↘ mo˧ tɕ'iər˧

奶头儿——妈 ma↘ 多 | 奶头儿 næɜ↘(˥) t'our↘ 不常用

7

肚泻——（肚里）不好 puo↘ xy↘ 音同"薄荷"

疟子——yoʌ tsəɹ 多 | 放老犍 faŋʌ lɔ˥ tɕiɛnɹ 乡下说法

瘸子——tɕʻyeʌ tsəɹ

死了——sʅ˥ le˩ | 不在了puʌ tsæɛʌ leɹ

（病）轻了——见轻 tɕiɛnʌ tɕʻiŋʌ

8

涎布——围嘴儿 ueiʌ tʂueɹ | 兜兜儿 touɹ touɹʌ

尿布——屎布 sʅ˥ puʌ

肥皂——洋碱 iaŋʌ tɕiɛn˥

洗脸水——ɕi˥ liɛnɹ sueiɹ

凳子——təŋʌ tsəɹ

桌子——桌儿 tʂuoɹʌ

抽屉——tsʻouʌ ti˩ | 抽头 tsʻouʌ tʻouʌ

火柴——自老火儿 tsʅʌ lɔ˥ xuoɹ˥

抹布——麻布 maʌ puʌ

羹匙——调羹儿 tʻiɔʌ kɜɹʌ

簸箕——puoʌ tɕʻi˥

笤帚——tʻiɔʌ su˩

扫帚——sɔʌ su˩

木枕——muʌ ɕiɛnʌ

铁枕——tʻieʌ ɕiɛnʌ

碌碡——石滚 sʅʌ kuənɹ

轮子车~——车毂轮儿 tsʻɤʌ kuʌ luəɹ˥

雨伞——雨盖 盖=介 yʌ tɕiæɛʌ(ʌ)

9

早饭——tsɔ˥ fanʌ | 清倒饭 tɕʻiŋʌ tɔ˥ fanʌ

午饭——晌午饭 saŋʌ uʌ(˥) fanʌ

米饭——干饭 kan˪ fan˪ 大米、小米
稀饭——糊涂 xu˪ tu˧ 杂粮面的稀饭
馒头——蒸馍 tsəŋ˧ muo˪
馄饨——馄饨饺儿 xuən˪ tuən˧ tɕiɔɻ˥
饺子——扁食 piɛn˥ ʂɿ˥ 水煮的，小的 ǀ 角子 tɕyo˧ tsə˧ 蒸的，大的
芝麻油——香油 ɕiaŋ˧ iou˪
白酒——白干儿 pæ˪ kɜɻ˪

10

公猪——牙子 ia˪ tsə˧ 骟过的，未骟的叫"郎猪子"
母猪——豚子 tʻuən˪ tsə˧
公牛——犃牛 mɔ˪ ou˪ 未骟的，骟过的叫"老犍"
母牛——牸牛 sɿ˪ ou˪
牛犊——牛犊儿 ou˪ tur˪
公狗——牙狗 ia˧(˪) kou˥(˥)
母狗——mu˪(˥) kou˥(˥)
女猫——mi˥ mɔ˪
麻雀——小虫儿 ɕiɔ˥ tʂʻuɜr˪
乌鸦——老鸹 lɔ˥ kuo˪
老虎——lɔ˪ xu˪(˥) "老"读同"劳"
蚯蚓——□□ tsʻu˪ tsʻuan˪
蚂蚁——ma˪ i˥

11

小米儿——ɕiɔ˥ miɻ˥
玉米——玉蜀黍 y˪ su˪ su˪
高粱——蜀黍 su˪ su˪
向日葵——葵瓜 kʻuei˪ kuo˧

白薯——红薯 xuŋˇ suˊ

辣椒——秦椒 tɕʻinˇ tɕiaˊ

12

锡——ɕiˊ

磁石——吸铁石 ɕiˊ tʻieˊ sˋˊ "吸"读如"细"

13

事儿——ʂərˋ

故事——囗事 kɕmˊ sˋˊ

地方——地当ʔ儿 tiˋ tɜrˊ

原因——缘故 iɛnˋ kuˋ

声音——声音儿 sənˊ iərˊ | 声儿 ʂɜrˊ

味道——味儿 uərˋ

气味——气儿 tɕʻiərˋ

颜色——iɛnˋ sæɜˊ

面貌——面目 miɛnˋ muˋ

14

我——uoˊ

我们——俺 an˥ 不包括"你"

咱们——咱 tsanˋ 包括"你"

你——ni˥

你们——nən˥

他——tʻɑ˥

大家——tɑˋ tɕieˋ

谁——seiˋ

什么——啥 saˋ

15

今年——tɕi˩ niɛn˩ "今"读如"机"

今日——今儿 tɕiər˩

明日——明儿 miɜr˩

后日——后衣儿 xou˩ iər˩ "衣儿"就是"阴儿"

昨日——夜儿（个）iɜr˩（kɣ˧）

前日——前儿 tɕʻiɜr˩

上午——前半儿 tɕʻiɛn˩ pɜr˩｜小晌午儿 ɕiɔ˧ saŋ˧ ur˧ 十点以后，午饭以前

下午——后半儿 xou˩ pɜr˩｜□□了 zou˩ ɕi˩ lə˧ 下午三四点钟｜大□□了 ta˩ zou˩ ɕi˩ lə˧ 下午五六点钟

中午——晌午 saŋ˩ u˧

清晨——清岛 tɕʻiŋ˩ tɔ˩

白天——白儿里 pɜr˩ li˧

黄昏——□□衣儿了 mɑŋ˧ tsʻɑ˩ iɜr˥ lə˧ 看不清了，将黑未黑，比黄昏晚

晚上——黑了 ɕie˩ liɔ˩

什么时候——多当儿 tuo˩（˩）tɜr˩

上头——上面儿 saŋ˩ miər (miɜr)˩

下头——下面儿 ɕia˩ miər (miɜr)˩

中间——当间儿 taŋ˩ tɕiɜr˩

里面——里面儿 li˩ miər (miɜr)˩

外面——外面儿 uæɛ˩ miər (miɜr)˩

旁边——旁边儿 pʻaŋ˩ piɜr˩｜跟盖儿 kən˩ kɜr˩ 身边

什么地方——哪儿 nɑr˩

16

聊天——谈天儿 tʻanˇ tʻiɛɹˋ｜喷大宽儿 pʻənˇ taˋ kʻuɜɹˋ 主要由一个人说，大家听｜拍拍话儿 pʻæɜˇ pʻæɜˇ xuɑɹˋ 较亲近

遇见——碰见 pʻəŋˇ tɕiɛnˋ

找着了——tsɔˊ tsouˇ ləˋ

遗失——丢了 tiouˊ ləˋ｜掉了 tiɔˊ ləˋ

擦掉——擦了 tsʻɑˇ liˊ

捡起来——拾起来 sɿˇ tɕʻiˋ lɛˋ

提起来——t'iˇ tɕʻiˋ lɛˋ｜提溜起来 tiˊ liouˇ tɕʻieˋ lɛˋ

（用秤）称称——制制 tsɿˊ tsɿˋ

收拾（东西）——拾掇 sɿˇ tɔˋ

对（如酒里对水）——搀 tsʻanˋ

撒手——sɑˋ souˋ

打盹儿——栽ˊ盹儿 tsæɜˋ tʂuɜɹˊ "盹儿"读如"准儿、嘴儿"

玩儿——玩玩 uanˋ uanˋ

知道——tsɿˊ tɔˋ "知"读如"直"

坏——孬 nɔˋ

热闹——zʏ nɔˋ

瘦——瘲 tsʻæɜˋ｜丝儿肉 şəɹˊ zouˋ 瘦肉

舒服——舒坦 suˋ tʻanˇ（ㄏ）

顽皮——淘气 tʻɔˋ tɕʻiˋ

凹——窊 uɑˋ

和（我和他）——跟 kənˋ｜给 keiˋ 用得多

（原载《方言》1989年第2期）

方言调查词汇手册[*]

说　明

　　这本手册是为调查汉语方言中一部分词汇的异同和少数语法现象的异同用的。希望通过这个手册的调查为设计全国方言地图准备一些这方面的材料。

　　手册里所收的词（有的是词组）大致按意义分类排比。每条以通行的词标目，列举方言中的同义词若干，作为提示参考之用。

　　选录这一部分词是从三方面考虑的。第一，必须选常用的词，这样才可以作普遍调查的资料。因此，专行专业的术语不收。第二，必须选方言中有异同的词，这样，经过调查之后，才可以看出来各方言间的远近关系。因此，全国一致通行只有语音上差别的词（如"山、水、民主、革命"等）不收。第三，尽量选意义单纯范围确定的词，这样才便于调查整理，才便于互相比较。因此，具体事物名称选的最多，抽象名词、动词、形容词等选的少些。

　　在调查方言的时候，这本手册应当和另外编印的"方言调查

---

[*] 丁声树先生编的《方言调查词汇手册》，中国科学院语言研究所1955年8月初次印行，后来由科学出版社出版，久已绝版。现在全文重新发表，还根据《汉语方言调查简表》（丁声树、李荣编，中国科学院语言研究所出版，1956年8月）贰"词汇语法部分"，补充少数条目，并加星号表示。《手册》正文前原来还有一面关于合作人情况的表格，跟《方言调查字表》前面的合作人表格相同，现在省略不排。（该注为《方言》杂志编者所加）

字表"联系起来使用。那个字表是为调查字音用的。要先用那个字表把一个方言的语音概况求出来。记完了字表，再用这个手册记录这一部分词汇，就可以减少许多记音上的困难。

记词汇时必须请发音合作人把每一条标目的词翻译成他的本乡话，本乡话怎么说就怎么记。如果他本乡话所用的词刚好就是手册里所列举的某一个词，就在那个词下面画一条横线，同时记下实际读音。比如"太阳"他本乡要是说"日头"，就在"日头"下面画条横线（"<u>日头</u>"），再把"日头"的音记下来。要是他本乡话也说"日头"，也说"太阳"，那就在"太阳、日头"这两个词下面都画上横线，把这两个词的音都记下来。假如所用的词，手册里没有列举，比如有的方言把"太阳"叫"月家"，那就另外加上这个词，写出汉字，记下读音。

有时候遇到方言里某一个词，写不出合适的字，可以写同音字。不过必须写本方言里的同音字，写的字必须和本地语音完全切合。和本地语音不切合的字不能写，只有发音人认为完全同音的字才可以写。写了同音字后，仍旧要用音标记下音。要是连同音字也找不到，只把读音记下来也就行了。

手册里所收的词虽然尽量选意义单纯范围确定的，但是必须注意，方言中的同义词常常在词义方面有些出入，不见得是完全同义，调查时要随时留心。例如"馒头"和"包子"多数方言有区别，带馅的叫"包子"，不带馅的叫"馒头"，但是吴语许多方言里，不论有馅无馅都叫"馒头"，换言之，"包子"也叫"馒头"。另一方面，像河北有些方言，不论有馅无馅都叫"包子"，就是说，"馒头"也叫"包子"。遇到这类情形要加注解说明。

手册最末一段列举了一些例句，主要是为调查若干语法现象用的。调查时要请发音合作人把每一句话都翻译成他的本乡话，由记音人写下字，记下音。写不出合适的字时，也可以写本方言的同音字。例句里头字下加点的地方要特别注意。有的是语序问题，如"给我一本书"可能说成"给本书我"，"说不过他"可能说成"说他不过"。有的是语助词及其他语法成分的用法，如"阿、呢、吗、罢"和"了、着"之类方言里常有不同的表示法。还有很多地方也是词汇性质的，如"闻闻"可能说"听听"，"反正"可能说"横竖、红黑"，"越走越远"可能说"愈走愈远"。这些地方可以作前面词汇部分的补充。遇见需要加注解说明的地方，也应当加注说明。手册印得很稀，就是为记音和加注用的。（编者按：现在接排。）

这本手册中所收的词和例句未必全是很妥当的，要通过实际调查工作，修订补充。希望同志们多提意见。

1

太阳——日头　热头　老爷儿

月亮——月光　月婆　太阴

打雷——响雷

打闪——扯闪　闪电

下雨——落雨

下雪——落雪

雪化了——雪融了　雪烊了

冻冰——结冰

雹——雹子　冰雹　冰块　冷子

刮风——吹风

端阳——五月节　端午　五月端午儿

中秋——八月节　八月十五　八月十六　八月中秋

（阴历）除夕——三十儿晚上　岁除　年三十儿　三十夜

元旦——(大)年初一　正月初一　新年

2

灰尘——土　尘土　灰

石灰——灰　蛎灰

泥土——泥　泥巴　烂泥

凉水——冷水　冻水

热水——汤

煤——煤炭　石炭　炭

煤油——洋油　火油　石油　火水

锡——锡镴　镴

磁石——吸铁石

3

乡村——屯铺　乡庄　农村　村庄

(赶)集——场　街子　虚　市

胡同——巷子　弄　弄堂

房子(全所)——屋

屋子(单间)——房间

正房——上房　神厅　堂屋

厢房——偏房　横屋

窗户——窗子　窗　阘门

门坎儿——门限　门槛　地伏

厕所——茅房　茅厕　后园儿　茅子

厨房——厨屋　灶屋　灶火　镬灶间

烟囱——烟筒　冒烟洞

4

男人——男的　老爷们儿　男子汉　男人家

女人——女的　妇人　妇道人　内人家　娘儿们
小孩儿（子）——小娃儿（子）　细牙儿（子）　小囡（团）
男孩儿（子）——小子　男娃子　细老
女孩儿（子）——小姑娘　小妮儿（子）
老头儿（子）——老汉　老者　老官
单身汉——光棍儿　单身儿　光杆儿
老姑娘（老处女）——老小姐　老女儿
医生——大夫　先生　太医　郎中　医官
厨子——大师父　厨师父　火房　掌锅的　做饭的　厨官
乞丐——要饭的　教（告）花子　花子　讨饭的　讨米人

5

亲属称谓，当面呼唤和对人称述常常有分别，调查时请注意。
父亲——爸爸　爹　达
母亲——妈　娘　妈妈
祖父——爷爷　公　公公　爹爹
祖母——奶奶　婆　太太
兄——哥哥　哥
弟——弟弟　兄弟
姊——姐姐　姐
妹——妹妹　妹子
伯父——大爷　伯　伯伯
伯母——大妈　伯母　伯娘
叔父——叔叔　叔儿　爷叔　达
叔母——婶儿　婶婶　婶娘
外祖父——老爷　外公　外爷
外祖母——老老　外奶　外婆　婆婆

儿子——儿　小孩子　少爷
儿媳妇——儿子媳妇　媳妇
女儿——闺女　小姐　女娃子　姑娘
女婿——姑爷　囡婿
舅——舅舅　娘舅
舅母——舅妈　妗母　妗子　娘妗
姑——姑姑　娘儿　姑娘　姑妈　娘娘
姨——姨儿　姨妈　姨娘
弟兄（总称）——哥们　兄弟　哥弟
姊妹——姐妹　姐儿们
夫——丈夫　先生　男人　外头人　老官　爷们　当家的
妻——妻子　太太　女人　屋里人　老婆　堂客　媳妇
（男子）娶媳妇——娶亲　讨老婆　讨堂客
（女子）出嫁——出阁　出闺　嫁人　出门（子）　出聘

6

头——脑袋　脑瓜儿（子）　脑壳
脸——面　面孔
额——囟脑门儿　囟门儿　天堂　天顶　额角头
鼻子——鼻头　鼻哥
眼——眼睛
眼珠儿——眼睛珠　眼珠子　眼（睛）乌珠
耳朵——耳根儿　耳头
舌头——脷　口舌
脖子——颈子　头颈　项颈　颈项
胳臂——胳膊　手膀　手杆　手骨
左手——借手

右手——顺手

手指——指头　手指头　手末指头

大拇指——大拇哥　大拇（末）指头

食指——二拇指　二拇弟

中指——三拇指　将指　中央指

无名指——四拇指　四指

小拇指——小指　小拇（末）指头　小拇哥儿

指甲——手指甲　指爪

腿——腿杆　脚杆

膝盖——波稜盖儿　磕膝盖儿　胳稜瓣儿　猢狲头

*嘴唇——嘴皮　嘴丫子

7

病了——生病了　不舒服了　害病了　不好了

泻——泻肚　拉肚子　拉稀　跑肚　泻肚了

发疟子——打摆子　打脾寒　生冷热病　打疟疾

瘸子——跛子　蹓子

驼背——罗锅儿　揩锅儿

死了——故去了　不在了　老了　去世了　过世了　过辈了

葬——埋　下葬　下土　埋葬

诊病——看病　瞧病

（病）轻了——松了　好些了　松和些了　见好

8

衣服——衣裳　衣

涎布——围嘴儿　围涎　涎兜　领水拍儿

尿布——褯子　屎布

手巾——面巾　帕子　毛巾

肥皂——胰子 洋碱 油皂
洗脸水——脸水 面汤水 汏面水
凳子——杌子 马杌 杌凳儿
桌子——台子 案子
抽屉——屉子 柜桶
图章——戳子 印鉴 印 章（打——盖——）
糨糊——糨子 浆糊 （粘上——粑上——）
火柴——洋火 取灯儿 自来火
抹布——展布 揩桌（台）布
羹匙——勺儿 调羹儿 瓢羹 水勺
箸——筷子 豪竿
簸箕——畚箕 粪箕 畚斗
笤帚——扫把
碌碡——石滚 碾子
碓——碓子 碓窝 稻臼
槌子——狼头 钉槌
绳子——绳 索子 索
自行车——脚踏车 单车 洋车
轮子——轱辘 轮盘
伞——撑子 雨盖 雨遮

9

早饭——朝饭 早起饭 五更饭
午饭——中饭 晌午饭 日昼饭
晚饭——夜饭
大米饭——白米饭 米饭 饭 干饭
面条儿——面

面粉——白面　面　灰面
馒头——馍　馍馍　蒸馍　包子
包子——馒头
馄饨——抄手儿　包面
饺子——扁食
*粉条儿——粉　粉丝　细粉　干粉
菜（饭菜的菜）——小菜　下饭
醋——酸的　忌讳　酸酒
酱油——豉油　青酱
芝麻油——麻油　香油
猪油——荤油　大油
盐——盐巴　咸盐
白酒——白干儿　烧酒　蒸酒
黄酒——老酒
江米酒——糯米酒　醪糟儿　酒酿　甜酒
开水（喝的）——白开（水）　白茶　清茶
泔水——潲水　恶水

10

公猪——郎猪　牙猪　豶猪　雄猪
母猪——草猪　雌猪
公牛——牯牛　牛牯　老犍　雄牛
母牛——牸牛　雌牛
公马——儿马　雄马
母马——草马　雌马
公驴——叫驴
母驴——草驴

公狗——牙狗　郎狗　雄狗

母狗——雌狗

郎猫——公猫　牯猫　雄猫

女猫——母猫　㹀猫　雌猫

公鸡——雄鸡　鸡公

母鸡——雌鸡　鸡婆　草鸡

麻雀——家雀儿　雀儿　小虫儿

雁——大雁　雁鹅

燕子——小燕子　燕儿

乌鸦——老鸹　老鸦

老虎——虎　野猫　大虫

狼——野狗　豺狗

猴子——猴儿　猴狲　胡狲　活狲

蛇——长虫

老鼠——耗子　老虫

蚯蚓——曲串　曲蟮　寒蜒

蚂蚁——（马）蚍蜉

马蜂——黄蜂　胡蜂　（——蜇人　刺人　锥人）

苍蝇——蝇子

蚊子——蚊虫　（——咬人　叮人）

蜘蛛——蛛蛛　蟢子　结蛛　蟢蟢蛛

11

麦——麦子　小麦

米——大米

小米儿——谷子　粟米　粟谷

玉米——棒子　包米　包谷　珍珠米　六谷　关粟

高粱——秫子　陶秫　卢稷

大豆——黄豆　豆子　白豆

蚕豆——胡豆　佛豆

向日葵——转日莲　葵花　朝阳葵　朝日蒲

洋葱——葱头　洋葱头

蒜——大蒜　蒜头　蒜瓣儿

菠菜——波薐菜

洋白菜——包菜　莲花白　卷心菜　包心菜

西红柿——番茄　火柿子　洋辣子　洋柿子

茄子——落苏

白薯——红薯　地瓜　山芋　番薯

洋芋（马铃薯）——土豆儿　山药蛋　洋山芋　洋番薯

辣椒——秦椒　辣子　海椒　辣茄

橄榄——青果

荸荠——地梨　马蹄

核桃——胡桃　蒲桃

栗子——板栗

藕——莲菜　莲藕

12

事（儿）——事情　事体　事干

东西——物事　物件

地方——地张儿　场化　巴基　落地

时候——时会儿　辰光

原因——原故　缘故

声音——音　音儿

味道——味儿（如菜味儿好）　滋味

气儿——味儿（如一股香味儿） 气味

颜色——色儿 色

相貌——模样 面貌 面相 长相

年龄——年纪 岁数 年岁

工作——活（儿） 工 活路 生活 事

13

我——吾

你——侬

他——其 伊

我们——我家 俺

咱们——咱

你们——你家

他们——他家

您（尊称"你"）——你家

恁（尊称"他"）——他家

大家——大伙儿

谁？——哪个？ 何个？ 啥人？

什么？——啥？ 啥子？ 么子？

为什么——为啥？ 为啥子？ 为哪样？ 为啥行当？ 做乜？

14

一位（个、块）客人

一双（对）鞋

一张（条、领）席

一床（条、双）被

一辆（部、张、架、挂）车

一把（张）刀

一管（杆、支）笔

一块（锭）墨

一头（条、只）牛

一条（口）猪

一只（个、块）鸡

一条（尾、觥）鱼

去一趟（次、回、转、运）

打一下（记）

15

今年——真年　本年

明年——萌年　下年　来年

去年——头年　上年　旧年　年时个儿

往年（过去的几年）——前几年　上年

今日——今天　今儿　今朝

明日——明天　明儿　明朝

后日——后天　后儿

大后日——大后天　大后儿　外后天

昨日——昨天　昨儿　夜儿（个）

前日——前天　前儿

大前日——大前天　大前儿　上前天

上午——前半天（日）　上半天（日）　前晌

下午——后半天　下半天（日）　后晌　晚半天

中午——晌午　日昼

清晨——早起　清早　清早儿　清早起　朝晨

白天——日里　日间　日里厢

黄昏——擦黑儿　压黑儿

晚上——夜里　夜晚　黑家　黑下
什么时候——多会儿　多咱儿　多晚儿
*（这事情）怎么办？——咋儿办？　咋个整？　咋整？
　　　　　　　　　　　　　曩个搞？　哪样搞？
*做什么？——干嘛？　做啥？　做啥子？　治啥？　做哪样？

16

上头——上边　上面　顶上　高头
下头——下边　下面　底下
左边——左面　左首
右边——右面　右首
中间——当间（儿）　当中　当中间
里面——里头　里边　里首　里厢
外面——外头　外边　外首　外厢
前边——前头　前面　前首
后边——后头　后面　后首
旁边——侧边
附近——左近　近处
什么地方——哪儿　啥地方　啥场化

17

吃饭——食饭　喫饭　用饭
喝茶——饮茶　吃茶　喫茶
洗脸——沭面　揩面　洗面
洗澡——沭浴　洗身
谈天儿——聊天儿　唠嗑　摆龙门阵　谈心
不说话——不言声　不做声　不吭气儿　不言语
没关系——不要紧　不打紧　不碍　不碍事　百不咱儿

遇见——遇到　碰着　碰见　碰到
遗失——丢了　打失了　搞落了　掉了　落脱了
找着了——找到了　找见了　寻着了
擦掉——擦脱　擦落
捡起来——拾起来　捉起来
提起（用手）——提（低）溜起来　拎起
选择——挑选　挑　选　拣
欠（如欠他十块钱）——该　争
做买卖——做生意
（用秤）称称——约约
收拾（东西）——拾掇　归置
对（如酒里对水）——搀
撒手——放手　丢手　松手
放（如放桌子上）——搁　摆
休息——歇
打盹儿——铳盹儿　打瞌铳　瞌眼瞷
摔了——跌了　绊倒了
玩儿——玩耍　耍
知道——晓得
懂了——懂得了　明白了
留神——留心　小心　当心
挂念——惦记　惦念　结记　记挂　牵记
美（指人貌美）——漂亮　好看　俊
丑——难看
坏（不好）——害　赖　孬（"恼"阴平）
要紧——紧要　关紧

热闹——闹热
坚固——结实　牢
肮脏——脏　龌龊　邋遢
咸——口沉　口重
淡（不咸）——白　甜　口轻
稀（如粥太稀了）——水　薄
稠（如粥太稠了）——糨　厚　干
肥（指动物，如鸡很肥）——胖　壮
胖（指人）——肥胖　壮
瘦（不肥，不胖）——瘁
舒服——美　好受　舒坦
晚（来晚了）——迟　晏
乖（如小孩儿真乖，不闹）——腼腆　安静
顽皮——皮　不乖
凸——鼓　突
凹——窊　坳
和（我和他）——跟　同
被（被贼偷走了）——教　让　给
从（从哪儿来，从今天起）——打　解　由
替（替我写封信）——给　代　帮
拿（拿毛笔写字）——用　使
故意（故意捣乱）——成心　存心
刚（刚来）——刚才　才　刚刚
刚（刚合适）——正　刚刚　恰　恰恰
幸亏——亏得　幸而
净（净吃米，不吃面）——光　只　就

（三千）上下——（三千）左右 （三千）来往

18

谁呀？我是老三。
老四呢？他正在跟一个朋友说着话呢。
他还没有说完吗？
还没有。大约再有一会儿就说完了。
他说马上就走，怎么这半天了还在家里呢？
你到哪儿去？我到城里去。
在那儿，不在这儿。
不少那么做，是要这么做的。
太多了，用不着那么多，只要这么多就够了。
这个大，那个小，这两个哪一个好一点儿呢？
这个比那个好。
这些房子不如那些房子好。
这句话用＿＿话怎么说？（填本地地名，本地音。）
他今年多大岁数？
大概有三十来岁罢。
这个东西有多重呢？
有五十斤重呢。
拿得动吗？
我拿得动，他拿不动。
真不轻，重得连我都拿不动了。
你说得很好，你还会说点儿什么呢？
我嘴笨，我说不过他。
说了一遍，又说了一遍。
请你再说一遍！

不早了，快去罢！
现在还很早呢。等一会儿再去罢。
吃了饭再去好罢？
慢慢儿的吃啊！不要急煞！
坐着吃比站着吃好些。
*这个吃得，那个吃不得。
他吃了饭了，你吃了饭没有呢？
他去过上海，我没有去过。
来闻闻这朵花香不香。
*香得很，是不是？
给我一本书！
我实在没有书嚜！
你告诉他。
好好儿的走！不要跑！
小心跌下去爬也爬不上来！
医生叫你多睡一睡。
吸烟或者喝茶都不可以。
烟也好，茶也好，我都不喜欢。
不管你去不去，反正我是要去的。
我非去不可。
你是哪一年来的？
我是前年到的北京。
今天开会谁的主席。
你得请我的客。
*这是他的书，那一本是他哥哥的。
一边走，一边说。

*看书的看书，看报的看报，写字的写字。

　　看的看书，看的看报，写的写字。

越走越远，越说越多。

把那个东西拿给我。

有些地方把太阳叫日头。

您贵姓？我姓王。

你姓王，我也姓王，咱们两个人都姓王。

你先去吧，我们等一会儿再去。

（原载《方言》1989年第2期）

汉语方言调查[*]

一　方言调查的意义

　　方言调查是语言学中一项重要工作。汉语的方言调查在今天更有特殊的意义。首先，汉语方言调查是为普通话的推广服务的。这里所说的普通话，就是以北京语音为标准音的普通话，汉民族的共同语。要大力推广普通话，使全民族都学习标准音，必须做很多的工作。其中有一项必不可少的工作就是方言调查。通过方言调查，研究各地方音与北京音的对应关系，求出对应规律，可以帮助方言区的人学习说普通话。例如广州话的 [-m] 尾，在北京话一律变 [-n] 尾。"三"广州 [₋sam]、北京 [₋san]。长沙话阳平字的塞音或塞擦音声母不送气，到北京话里一律是送气声母。"糖茶"长沙读如"当渣"的阳平，北京读如"汤叉"的阳平。吴语的浊塞音声母，到北京都变清音，阳平送气，去声不送气。"大同"苏州是 [da² ₋doŋ]，北京是 [ta² ₋t'uŋ] 诸如此类，都是普通话教学的参考材料。另一方面，调查方言还可以了解方言中哪些词汇语法成分可以吸收到普通话里头来，使普通话更充实、更丰富。

　　还有，我们的文字将来要走拼音化的道路。设计拼音文字必须以北京音的普通话为基础，同时也要了解各地方言的具体情

---

　　* 本文是丁声树先生和李荣先生合写的，曾在 1955 年 10 月召开的现代汉语规范问题学术会议上作大会发言。后收入《现代汉语规范问题学术会议文件汇编》(科学出版社，1956 年)。

况。方言调查也可以为文字改革提供必要的参考资料。比如拼音文字是不是需要分尖团音，怎样处理儿化音，等等，了解一些方言中的主要情况是必要的。文字改革以后怎样在方言地区推行拼音文字，也非事先了解一下方言情况不可。

方言调查和全国方言地图的绘制、汉语史的研究，也都是密切相关联的。要表示现代方言的地理分布，各方言间的远近关系，必须绘制方言地图。设计方言地图必须以方言调查所得的材料为依据，方言调查也必须配合着方言地图的设计制订计划。汉语史和方言的关系更明显，现代方言是从古代汉语发展出来的，研究现代方言可以帮助我们了解汉语发展的趋势，推定古代汉语的许多特点。现代方言里常常保存一些古代汉语的情况。比如，大家知道，古音的 [-m]、[-n]、[-ŋ], [-p]、[-t]、[-k] 尾在广州话里还完全保存着，古代的浊塞音在吴语里也还可以看出来。词汇方面也可以举一两个例子，比方牵牛的绳，河南南阳邓县一带叫"[tʂən²]子"，音如"阵子"，字本作"纼"。《说文解字》："纼，牛系也。"《广韵》上声轸韵："纼，牛纼，直引切。"直引切是澄母上声，古全浊上声今变去声，音正相合。用鼻子闻，浙江临海温岭一带叫 [xyuŋ²]，音如"胸"的去声，字本作"嗅"。《集韵》去声送韵"嗅，鼻审气也"，香仲切，正是晓母去声。语源推定也往往靠方言的比较研究。比如北京话说"[˨tɕy] 碗"，音如居，单就北京话本身说，当然可以是个平声字，但在有入声的方言里，这个字读入声，可见这个字是从古入声来的，字本作"锔"。《广韵》入声烛韵"锔"字的解释是"以铁缚物"，居玉切。北京话果子核叫 [˨xur]，音如"胡儿"，以广州的 [wet₃]、台山的 [wut₃] 比较，知道是古音收 [-t] 的入声，字本作"榾"。《广韵》入声没韵"榾"字的解释是"果子榾"，户骨切，音正相合。诸如此类。这都是从来源上看，倒不是提倡写古字。

二　现代汉语方言分布概况

汉语方言还没有经过全面的调查。就已经知道的情况而论，汉语方言可以分成八区：

1. 官话区　　　2. 吴语区　　　3. 湘语区　　　4. 赣语区
5. 客家话区　　6. 闽北话区　　7. 闽南话区　　8. 粤语区

官话区包括长江以北地区，长江以南镇江以上九江以下沿江地带，湖北（东南角除外）、四川、云南、贵州四省，湖南省西北角。本区人口约 38,700 万。汉族人口总数是 54,700 万，本区约占 70%。本区的语言一致的程度很高，从东北的哈尔滨到西南的昆明，直线距离大约有 3,200 公里，从东南的南京到西北的酒泉，直线距离大约有 2,000 公里，各地的人通话没有困难。这么多的人口，这么大的地域，语言如此一致，这在世界上是绝无仅有的。汉语的方言情况是很复杂，因此常常有人片面地强调复杂，忽略了一致的一面，这是跟事实不完全符合的。

北京话是本区最主要的方言，北京语音是汉民族共同语的标准音。本区的人即使没有学过北京话也能听懂北京话，其他七个方言区能听懂北京话的人也非常多，大家也都愿意学习北京话。海外华侨原籍在本区的并不多，可是华侨的学校大半都教北京话。比如南洋的华侨就是这样。

本区的语音特点：

（一）古浊塞音、浊塞擦音、浊擦音声母现在读清音。如"铜"和"洞"都是古定母字，都是浊音，北京"铜"字读 $_ct'uŋ$，"洞"字读 $tuŋ^ɔ$。本区大部分方言都跟北京一样，浊塞音古平声今送气，古仄声（包括上去入三声）今不送气。

（二）古 [-m] 尾韵现在不收 [-m] 尾。如"甜"和"咸"古音都收 [-m]，北京"甜"是 [ₑt'ian]，"咸"是 [ₑɕian]。

（三）北京话和本区多数方言都没有入声，只有阴平、阳平、上声、去声四个调。古入声韵尾 [-p]、[-t]、[-k] 失落，入声并到其他调类里去。例如"十"古收 [-p]，北京是 [ₑʂï]，"七"古收 [-t]，北京是 [ₑtɕ'i]，"百"古收 [-k]，北京是 [ᶜpai]。本区也有少数地区保留入声。一是山西省大部分方言。河北、河南、陕西三省和内蒙古自治区毗连山西的地区也有入声，如河北的宣化、武安、磁县，河南的安阳、博爱，陕西的米脂、府谷，内蒙古自治区的郡王旗、呼和浩特、卓资。二是江苏、安徽两省的中部南部（江苏南部镇江以东是吴语区，也有入声），湖北的东部。三是四川省，沿江两岸自眉山到江津都有入声。四是云南省，也有少数有入声的方言。这些地区的声调大多数是五个：阴平、阳平、上声、去声、入声。入声拿喉塞音 [-ʔ] 收尾，也有少数地方入声没有辅音韵尾，自成调类。

吴语区包括江苏省江南镇江以东部分（镇江不在内），浙江省的大部分。人口约 4,600 万。

吴语区的语音特点：

（一）保留古浊塞音、浊塞擦音、浊擦音声母。例如"铜"和"洞"是古定母字，上海都是 [ₑduŋ]。就发音方法而论，吴语有三套塞音声母，[p-]、[p'-]、[b-]，[t-]、[t'-]、[d-]，[k-]、[k'-]、[g-] 等。如上海"东"[ₑtuŋ]。

（二）多数吴语方言不分 [s-]、[ʂ-]。

（三）古日微两母字白话读鼻音，文言读口音。如上海"人"字白话音同"银"[ₑȵiŋ]，文言音同"神"[ₑzən]。"蚊"字白话音同"门"[˪mən]，文言音同"坟"[˪vən]。

（四）吴语方言很少 [ai]、[ei]、[au]、[ou] 一类的复合元音。

（五）吴语只有一个鼻音韵尾。如"金"字古音收 [-m]，"斤"字古音收 [-n]，"京"字古音收 [-ŋ]，上海这三个字同音，都是 [˪tɕiŋ]。

（六）吴语有入声，韵尾一律是喉塞音 [-ʔ]。如"十"字上海是 [zəʔ˒]，"七"字上海是 [tɕʻiʔ˒]，"百"字上海是 [paʔ˒]。

（七）声调最普通是八声（平上去入各分阴阳）或七声（平去入各分阴阳，上声只有一个）。有些地方阳平、阳上、阳去调值接近或相同。例如上海"求、舅、旧"三字同音：[˪dziu]

湘语分布在湖南省，西北部除外。人口约 2,600 万。
湘语的语音特点：
（一）古浊塞音、浊塞擦音、浊擦音声母保留浊音读法，或者读清音低调。如沅江"曹"读 [˪zau]，"齐"读 [˪zi]。

（二）古泥来两母在今齐齿 [-i] 或撮口 [-y] 以外的韵母前不分。如长沙"南"和"蓝"同音：[˪næ]。

（三）[f-]、[xu-] 不分。如长沙"飞"和"灰"同音：都可以读 [˪fei]，也都可以读 [˪xuei]。

（四）有入声，不过入声没有辅音韵尾。如长沙"十"[ṣï˒]，"一"[iʔ˒]，"六"[nou˒]。

赣语主要分布在江西省（东北沿江地带和南部除外），湖北省东南角也属于这一区。人口约 1,300 万。
赣语的语音特点：
（一）古浊塞音，多数地方读送气清塞音，连仄声也一样。

如南昌"大"[tʻai²],"道"[tʻau²]。

（二）古泥来两母在今齐齿[-i]或撮口[-y]以外的韵母前不分。如南昌"南"和"蓝"同音：[₍lan]。

（三）入声韵尾[-p]、[-t]、[-k]各方言保留情况不同，如临川有[-p]、[-t]、[-ʔ]三种入声韵尾："十"[sipɔ]，"一"[itɔ]，"百"[paʔɔ]。

客家话主要分布在广东、广西、福建、江西等省。湖南、四川两省也有少数说客家话的。人口约 2,000 万。

客家话的语音特点：

（一）古浊塞音多数变送气清塞音。如梅县"大"[tʻai²]，"道"[tʻau²]。

（二）多数方言[s-]、[ʂ-]不分。

（三）保留古入声韵尾[-p]、[-t]、[-k]。

（四）有六个声调，平入各分阴阳，上去不分。

闽北话分布在福建省北部和台湾省的一小部分，南洋华侨也有说闽北话的。人口约 700 万。

闽北话语音特点：

（一）没有[f-]声母。

（二）古浊塞音多数变不送气清塞音，平声字也常是这样。如"婆"福州是[₍pɔ]，"裙"福州是[₍kuŋ]。

（三）古知彻澄三母读如端透定，如"猪"福建读[₍ty]，"茶"福建读[₍ta]。

（四）[s-]、[ʂ-]不分。如福州"丝"和"诗"同音：[₍si]。

（五）古见溪群三母字读舌根音[k-]、[kʻ-]。如福州"金"

[꜀kiŋ],"去"[kʻøy²],"旗"[꜀ki]。

（六）辅音韵尾较少。如福州只有 [-ŋ] 尾和 [-k] 尾。

（七）声调最普通有七个。如福州平去入各分阴阳，上声不分。

闽南话分布在福建的南部，广东的东部潮州汕头一带，海南岛的一部分，台湾的大部分。南洋华侨有很多是说闽南话的。人口约 1,500 万。

闽南话的语音特点：

（一）没有 [f-] 声母。

（二）浊塞音多数变不送气清塞音。如"婆"厦门读 [꜀po],"裙"厦门读 [꜀kun]。

（三）古知彻澄读如端透定。如"猪"厦门是 [꜀ti],"茶"厦门是 [꜀te]。

（四）古鼻音声母常变成口音。如"牛"厦门是 [꜀gu],"马"厦门是 [ᶜbe]。

（五）[s-]、[ʂ-] 不分。如厦门"丝"和"诗"同音：[꜀si]。

（六）古见溪群三母字读 [k-]、[kʻ-]。如厦门"金"[꜀kim],"去"[kʻi²],"旗"[꜀ki]。

（七）声调普通有七个，平去入各分阴阳，上声不分阴阳，如厦门。

（八）保留古韵尾辅音 [-m]、[-n]、[-ŋ] 和 [-p]、[-t]、[-k]。

粤语分布在广东、广西两省。海外华侨很多是说粤语的。人口约 2,700 万。

粤语语音特点：

（一）[f-]、[hu-] 不分。如广州"分"和"昏"同音：[꜀fen]。

（二）多数方言不分 [s-]、[ʂ-]。如广州"丝"和"诗"同音：[ˌsi]。

（三）古见母字一律读 [k-]。如广州"叫"[kiu²]，"军官"[ˌkwen ˌkun]。

（四）保留古韵尾辅音 [-m]、[-n]、[-ŋ] 和 [-p]、[-t]、[-k]。

（五）声调普通有八九个甚至更多。如广州四声都分阴阳，阴入又分成上入（短元音）和中入（长元音），一共九个调。

三　过去方言调查工作的回顾

汉语方言研究有悠久的历史。差不多两千年前，在西汉末年，就有扬雄的《輶轩使者绝代语释别国方言》（简称《方言》）。这是现存的全世界最古的讲方言的书。扬雄以后，有很多专讲方言的书。古书的注解，历代著作家的文集，也常常提到方言现象。还有各地的方志，往往有一章是讲地方方言的。各地还有好些方言韵书，分析当地的音韵系统。旧白话小说也有许多是用方言写作的，这种书本身也就是方言资料。

汉语方言研究虽然有悠久的历史，可是就现代的方言调查工作而论，过去的工作做得很不够。假定我们拿一个市或一个县作一个调查点，全国有两千多个市、县或相当于县的行政单位，就要有两千多个调查点。就我们见到的已经发表的材料而论，调查过的也不过一百七八十点。调查过而尚未整理发表的有旧徽州属六县四十多处的材料。此外还有江西、湖南、云南、四川四省没有发表的调查材料1949年初被蒋匪帮劫运到台湾去了，必须解放台湾才能使这批材料回到人民手里。

那一百七八十点已经发表的材料，其中还包含一小部分外国人编的方言字典、方言课本之类。这些方言字典、方言课本大都自称为传教和通商之用,也就是说为帝国主义文化侵略和经济侵略服务的。其中所记材料有很多是错误的。

中国人自己做的调查研究,有的是单刊式的,研究一个单独的方言,如厦门音系、临川音系、钟祥方言记等。有的是区域性的,包括一个区域内若干方言的调查,如现代吴语的研究,湖北方言调查报告,关中方音调查报告。这些报告都提供了一些方言材料,都有一定的参考价值。但是必须指出,过去调查方言没有整个的计划,大都是由个人兴趣出发,各种单刊式的报告,形式内容很不一律,材料也多少不齐,互相对比很不容易。那几种区域性的调查,调查点多一些,但是每一个调查点的材料非常少,往往只有七八百个单字音的材料,词汇语法方面的材料更少。

无论是一个单独方言的调查或者是一个区域内若干方言的调查,过去的工作总是偏重在语音方面,而且总是偏重在古音和今音的对比方面,只有少数单刊中有方音和北京音的比较。古今音的对比当然可以说明若干历史上的变化,但是对于现实的语文教学帮助不大。

我们今后的方言调查一定要加强计划性,使各地方言的调查工作紧密联系起来。在方法上,不仅要调查语音情况,还要重视方言词汇和方言语法的研究。

过去几十年也有"国语统一"运动,"国语推行"工作,但是方言调查工作始终没有和这方面的工作配合起来,就是说方言调查和"国语"运动是互相脱节的。我们今后的方言调查工作一定要和普通话的宣传推广工作,和文字改革工作,密切配合起来。

当然,除了结合实际需要之外,还要在科学研究方面逐渐深入,不断提高。

四 关于方言调查计划的几项建议

根据现有条件，结合实际需要，我们对于今后方言调查计划提出以下几项建议。

（1）重点调查——为配合普通话推广工作，文字改革工作，首先需要做一些重点的方言调查。重点调查是把全国各大方言区的主要城市方言尽先了解一下。了解一下主要城市的方言情况，对于推广普通话，对于设计拼音文字，都可以提供必要的参考材料。但是我国的疆域这么广阔，各方言地区的主要城市分散在各处，要想派遣干部亲身到各地区在短期内调查这么多的方言，事实上很难办到。怎样解决这个重点调查的任务，下面还要提一种具体的办法。

（2）培养干部——大规模的方言调查需要大批受过训练的干部。方言调查干部所必需的训练包括普通语言学和语音学知识，最要紧的是审辨语音、分析语音的能力。调查汉语方言还需要一种特殊的训练，那就是关于《切韵》《广韵》系统的知识。没有这一套知识，对于现代汉语的许多问题是看不清楚的。长期的培养工作必须依靠各大学语文系设立方言调查课程，系统进行。基本科目如普通语言学、语音学、汉语音韵等都必须在大学中开课修习。语言研究所也要在所内培养一批青年干部。除了这类长期的系统的培养以外，还要采用短期训练方式。在这方面，我们建议教育部和中国科学院语言研究所合办一个研究班，训练推行普通话和调查方言的专职干部。这个研究班应该设在北京，由各方言地区选调一些优秀的语文工作者来参加学习，学习普通话，学习标准音和本地方音的对应关系，学习调查方言的基本方法。这三种学习是密切地互相联系着的。如果孤立地学习普通话，不和本地方言比较，不了解普通话和方言的对应关系，绝对不能在普通话的教学上起作用的。要了解普通话和方言的对应关系就必须学习调查方言的基本方法。能掌握方言调查的基本方法才能在普通话的教学上起应有的作用。经过这个学习之后，再回到本地区推行普通话，也就可以在当地组织群众，传达已经学习的语言学常识，担任起方言的调查工作。由本地人调查本地区的方言是有种种便利的。同时，在学习期间，各学员还可以充任本地方言的发音合作人，为语言研究所供给各地的方言材料。这样也就解决了上边所说的重点调查的任务。假定这个建议可行，希望教育部和语言研究所及早筹备，能在明年春季开办最好。

此外还希望高等教育部和教育部考虑在全国有条件的高等学校里，尽早开设方言调查及其相关的课程，并且希望把一时还没有这样条件的高等学校的语文教师组织起来，开一个方言调查法研究班，讨论研究调查方法。经过这段讨论研究，回到学校，开设方言调查课程，培养青年干部。

（3）**分区设方言调查站**——经过重点调查之后，有了相当数目的基本干部，就可以考虑分地区设站调查。有些地区的调查站可以商请当地有条件的大学或师范学院负责组织。没有相当机构可以委托分工的地区应该由语言研究所派遣干部建立调查站。每一个方言调查站同时也成为培养干部的中心。这样就可以扩大方言调查的队伍。各调查站成立之后，应当定期召开全国性的方言会议，解决各地区工作中的问题。

（4）**统一调查计划，为设计全国方言地图准备条件**——全国范围的方言调查应该把绘制全国汉语方言地图作为长期奋斗的目标。在这个目标之下，必须制订统一的调查计划，必须编印统一的调查表格。记录方言所采用的记音方法也应该大体上是一致的。这样,通过实际调查之后,才能得到可以互相比较的方言材料,才能作为绘制方言地图的根据。分区设站以后,每一方言区内必然要发现一些特殊情况,还要针对各地区的特殊情况,补充一些特殊表格。将来绘制全国性的方言地图,其中也必然要包含一些区域性的方言地图。

附录　关于两种调查表格的说明

另外附送的两种调查表格,《方言调查字表》[①]和《方言调查词汇手册》,这里简单说明一下。《方言调查字表》是为调查语音用的,《方言调查词汇手册》是为调查一些词汇异同用的。方言间的语音差别和词汇差别是两回事。同一个词或同一个字各地读音不同,这是语音上的差别。比如"人"字全国通行,但是读音并不一致。有的方言读如"仍",有的方言读如"银",有的方言读如"神",这只是同一个"人"字在方言中的读音差别,只是语音上的差别。词汇差别是用词或叫名的差别,比如"太阳"有的方言叫"日头",有的方言叫"老爷儿",这是叫名变了,用的是另外一个词。又如北京说"我、你、他",上海说"我、侬、伊",广州说"我、你、渠"。三处都用"我"字,可是读音不全一样,这是语音差别。北京的"你"和广州的"你"同是一个词,语音上也有分别。上海的"侬"和北京、广州的"你",就是词汇不同。北京用"他",上海用"伊",广州用"渠",也是词汇不同。北京说"下雨",上海、广州说"落雨"。北京用"下",上海、广州用"落",这是词汇差别。上海、广

[①]《方言调查字表》前身是《方音调查表格》,由赵元任先生设计,后经丁声树、李荣二位先生修订,编成《方言调查字表》,本文未收。《方言调查词汇手册》见563页。

州都用"落"字,可是读音不同,上海 [loʔ₅], 广州 [lɔk₅], 这是语音差别。

当然,用《方言调查字表》调查语音,同时也会收集一些词汇情况。用《方言调查词汇手册》调查词汇异同,同时也会记录一些语音情况。

方言之间的差别,除了语音差别和词汇差别,还有语法差别。《方言调查词汇手册》最末列举了一些例句,主要是为调查若干语法现象用的。这一部分准备的资料不多,一来是汉语方言之间语法差别比语音和词汇的差别小,二来是语法上差别需要根据每个方言的长篇材料分析,不能单用预定的格式调查。

编制方言调查表格常有一个矛盾。一方面希望得到详细的方言材料,准备的调查资料自然越多越好。另一方面又要顾到调查和整理工作的时间,准备的资料又不能应有尽有。还有,除非是对一个方言做深入的调查研究,也要顾到发音合作人的时间。这两种表格所收的资料繁简去取是否适当,要在实践中考验修改。也请在座的同志指教,多提意见。至于这两种资料的用法,书上都有说明,这里就不谈了。

汉语方言调查简表[*]

说　明

这本《汉语方言调查简表》是供全国汉语方言初步普查用的。为配合普通话的推广工作，这次初步普查以语音调查（特别是单字音的调查）为重点，同时也简单地了解一些词汇语法方面的基本情况。这个简表的内容分成两大部分。第一部分是语音调查，包括这几项：

一　声调

二　声母

三　韵母

四　音系基础字

五　单字表

第一项"声调"的例字专为审辨方言的调类调值用的。记录这一项的时候，专心辨字调，不必记每个字的声母韵母。例字表有些是两个字或者三个字成一组，那是为比较异同的。如果所记的方言里字调相同，就在中间加个"√"号；字调不同，就在中间加个"×"号，也都不必记实际读音。把调类和调值定好之后，再依次序记第二项"声母"，第三项"韵母"，第四项"音系基础字"。

从第二项"声母"起到第四项"音系基础字"止，一共540

---

[*] 丁声树、李荣编，中国科学院语言研究所1956年出版。

个字。这540个字必须字字记出声韵调来,就是说每个字的整个音都要记下来。"声母"和"韵母"两项也有一些字两个或几个成一组,也是比较异同用的,也应当用"√"号或"×"号表示字音相同或者不同。不过在注明异同之外,仍旧要把实际读音都记下来,这是和记第一项"声调"不同的地方。记完"声母、韵母、音系基础字"这540个字之后,暂时不必再往下记,先把这540个字的音仔细校对一遍,过录到"汉语方言调查字音整理卡片"①上,经过整理之后,就可以把一个方言的音系轮廓求出来,画出同音字表的间架,填上这一部分字。这样一个同音字表的间架当然很不完备,许多地方还是空白。但是有了这个间架,我们对于所记方言的语音系统就有了一个初步的认识。

  同音字表的间架画出之后,再往下记表上第五项"单字表"里的单字。如果记音人所记的是他自己的本乡话,那就不必字字记音,可以直接把每一个字按照自己的读法登到同音字表的相当地位上去,同时也过录到字音整理卡片上,这样就节省了不少的记音工夫。要是记的并不是本乡话,而是另外一个方言,当然还要字字记音,不过已经知道了这个方言的音系轮廓,记起来也就容易多了。等记过单字表之后,要把这一部分字全都分别地位登到同音字表和卡片上去。如果在记这一部分字的时候发现新的情况,还要修订同音字表;这样补充修订之后,这个同音字表在常用字方面就相当完备了。

  从第二项"声母"起到第五项"单字表"的末尾止,都分条编了号码。"声母、韵母、音系基础字"这三项是每个字编一个号码,所以540个字就有540号。第五项"单字表"里就不

---

① "汉语方言调查字音整理卡片",下面还有说明。

全是一个字一个号码了，也有两个字或几个字合成一条共用一个号码的。比如第580号是"沙纱"两个字合成一条，第1349号是"高膏羔糕"四个字合成一条。这类不止一个字成一条的都是北京话里完全同音的字，在其他方言里也大致是同音字。而且就是在《切韵》《广韵》一系韵书所代表的古音系统里也是完全同音的字。这类字合成一条在调查方言的时候有许多便利。只要所记的方言，这类字完全同音，就是说声韵调全同，那就不必字字记音，合在一起总记一个音就行了。假使遇到个别方言对于这类字有不同的读法，自然应当分别记下，不能混为一谈的。

这类同编一个号码的字有时候中间有个","号隔开，那是表示这些字在古代并不是同音字，可是在大多数现代方言里已经变成同音字，没有什么分别。比如第788号"私，司丝"，"私"是脂韵字，"司丝"是之韵字，古代并不同音，但是现代很少方言能分别，所以合为一条。如果发现个别方言对于这类字的读法有不同之处，无论在声韵调哪一方面，也都应当分别记下，经过整理研究之后，也许能从古音方面得到解释。

有些字放在〔　〕号里头，那是《广韵》《集韵》里没有地位的字。这类字也有时候和别的字合成一条，比如"寻找"的"找"字附在"爪牙"的"爪"的后边（第1333号），那是因为据今天的了解凡是用"找"字的方言总是和"爪"同音，放在一起也有许多便利。当然目前的调查研究还很有限，这类字也不见得在每个方言里都是同音字，遇到读音上有分别的方言，还是要把不同的音分别记下来的。

音系基础字和单字表都是按北京音分韵排比的，韵母的次序如下：

ㄚ	ㄧㄚ	ㄨㄚ		
ㄛ	ㄛ	ㄨㄛ	ㄧㄝ	ㄩㄝ
ㄜ	ㄦ		ㄨ	ㄩ
ㄞ	ㄧㄞ	ㄨㄞ		
ㄟ	ㄨㄟ			
ㄠ	ㄧㄠ			
ㄡ	ㄧㄡ			
ㄢ	ㄧㄢ	ㄨㄢ	ㄩㄢ	
ㄣ	ㄧㄣ	ㄨㄣ	ㄩㄣ	
ㄤ	ㄧㄤ	ㄨㄤ		
ㄥ	ㄧㄥ	ㄨㄥ	ㄩㄥ	

同韵的字按声母排列，声母次第是：

ㄅ	ㄆ	ㄇ	ㄈ
ㄉ	ㄊ	ㄋ	ㄌ
ㄗ	ㄘ	ㄙ	
ㄓ	ㄔ	ㄕ	ㄖ
ㄐ	ㄑ	ㄒ	
ㄍ	ㄎ	ㄏ	
○			

声韵母全同的字依声调阴平、阳平、上声、去声的次序分先后。

"单字表"里有许多字带 * 号，那是最常用的字。（声母韵母例字全是最常用的，不加号。）如果感觉字数太多，不能把"单字表"里的字全部记完，至少也要把带 * 号的字都记出来。这样加上声母韵母两项例字的音，和北京语音作比较才够用。

和这一部分语音调查相辅而行的有一套"汉语方言调查字音整理卡片"，是为整理方言的语音系统，为便利同北京语音作比较用的。那套卡片上所收的字从第 1 号起到 2136 号止，完全和这里第二项"声母"到第五项"单字表"的号码相应，一张片子一个号码，每张片子上都注明北京读音。只要把方音过录在卡片上，经过整理排比，就可以一方面把本地音系弄清楚，另一方面还可以把本地语音和北京语音的对应关系求出来。

"单字表"后面还有三项附录，第一是数目字从"一"到"十"加"个"。要了解一下方言里有无特殊的表示法。第二是干支字。根据过去的经验，干支字排在一起比较好问一些。第三是"儿化"举例。这里只举少数例子作代表，看看方言里的情况。如果所调查的方言里也有"儿化"现象，首先要注意"儿化"的性质，比如有些方言是用 -n 或 -z 表示"儿化"的。其次要注意"儿化"后元音的变化，比如北京话里"盘儿"和"牌儿"同音，"棍儿"和"柜儿"同音，看看方言里怎么样。这里列举的"儿化"例，如果有些在方言里并不"儿化"，那就临时抹去，更换可以"儿化"的例。

第一部分语音调查的单字，有些放在（ ）号里边。放在（ ）号里的字一部分是在简体字后面注的繁体字，比如"开（開）、叶（葉）"，这类字注一下，以免调查时候可能引起的误会。比如"叶"很可能照传统读如"协"，那就不是"葉"字的音。还有一部分是韵书里的字形和现在通用的字形不同，比如"烤（熇）、坍（坤）"。这类字注一下，对于研究古今语音对比可以有些便利。

以上是关于第一部分的说明。

这个简表的第二部分是词汇语法方面的调查。词汇方面只选 172 条词（有的是词组），每条以一个较通行的词标目，列举方言中同义词若干，作为提示参考之用。记词汇的时候，必须把每一条标目的词翻成本地话，不能照字读音。本地话怎么说就怎么记。如果本地话用的词刚好就是表里所列举的词，就在那个词下面画一条横线，同时用音标记下音。比如"太阳"要是在本地话里说"日头"，就在"日头"下面画一条横线（日头），再把实际读音记下来。要是也说"太阳"，也说"日头"，那就在"太阳、日头"的下面都画上横线，把这两个词的音都记下来。假如所用的词，表里没有列举，比如有的方言把"太阳"叫"月家"，那就另外加上这个词，写出汉字，记下读音。

有时候遇到方言里某一个词，写不出合适的字，可以写同音字。不过必须写本方言里的同音字，写的字必须和本地语音完全切合。和本地语音不切合的字不能写，只有本地人认为完全同音的字才可以写。写了同音字后，仍旧要用音标记下音。要是连同音字也找不到，只把读音记下来也就行了。

这里所选的词尽量取那些意义单纯范围确定的，但是必须注意，方言中的同义词常常在词义方面有些出入，不见得是完全同义，调查时要随时留心。例如"馒头"和"包子"多数方言有区别，带馅的叫"包子"，不带馅的叫"馒头"，但是吴语许多方言里，不论有馅无馅都叫"馒头"，换言之，"包子"也叫"馒头"。另一方面，像河北有些方言，不论有馅无馅都叫"包子"，就是说，"馒头"也叫"包子"。遇到这类情形要加注解说明。

语法方面只选37个例句，是为调查方言中一些语法情况用的。调查时候要把每一句话都翻译成当地方言，然后写下字，记下音，如果写不出合适的字的，也可以写本方言的同音字。例句里头字下加点的地方要特别注意方言中的表示法。

词汇语法部分记完之后，也要把新记的单字音补到同音字表里去。

发音合作人的情况

第一人　　　　　　　　　第二人

姓名＿＿＿＿＿＿＿＿　　＿＿＿＿＿＿＿＿

年龄＿＿＿＿＿＿＿＿　　＿＿＿＿＿＿＿＿

原籍＿＿＿＿＿＿＿＿　　＿＿＿＿＿＿＿＿

说什么地点的话＿＿＿＿　＿＿＿＿＿＿＿＿

职业＿＿＿＿＿＿＿＿　　＿＿＿＿＿＿＿＿

教育程度＿＿＿＿＿＿　　＿＿＿＿＿＿＿＿

幼年语言环境＿＿＿＿　　＿＿＿＿＿＿＿＿

＿＿＿＿＿＿＿＿＿＿　　＿＿＿＿＿＿＿＿

＿＿＿＿＿＿＿＿＿＿　　＿＿＿＿＿＿＿＿

以后在何处住过＿＿＿＿　＿＿＿＿＿＿＿＿

＿＿＿＿＿＿＿＿＿＿　　＿＿＿＿＿＿＿＿

＿＿＿＿＿＿＿＿＿＿　　＿＿＿＿＿＿＿＿

能否说别处话＿＿＿＿　　＿＿＿＿＿＿＿＿

本地有几种口音＿＿＿＿　＿＿＿＿＿＿＿＿

本人所说的是哪一种＿＿　＿＿＿＿＿＿＿＿

附记：

目 录

- 壹　语音部分 …………………………………… 603
  - 一　声调 ……………………………………… 603
  - 二　声母（1—113）………………………… 605
  - 三　韵母（114—220）……………………… 606
  - 四　音系基础字（221—540）……………… 607
  - 五　单字表（541—2136）…………………… 610
    - ㄚ　ㄧㄚ　ㄨㄚ …………………………… 610
    - ㄛ　ㄜ　ㄨㄛ　ㄧㄝ　ㄩㄝ …………… 611
    - ㄞ　ㄦ　ㄧ　ㄨ　ㄩ …………………… 612
    - ㄞ　ㄧㄞ　ㄨㄞ ………………………… 617
    - ㄟ　ㄨㄟ ………………………………… 617
    - ㄠ　ㄧㄠ ………………………………… 618
    - ㄡ　ㄧㄡ ………………………………… 620
    - ㄢ　ㄧㄢ　ㄨㄢ　ㄩㄢ ………………… 621
    - ㄣ　ㄧㄣ　ㄨㄣ　ㄩㄣ ………………… 624
    - ㄤ　ㄧㄤ　ㄨㄤ ………………………… 626
    - ㄥ　ㄧㄥ　ㄨㄥ　ㄩㄥ ………………… 627
    - 单字表附录 ……………………………… 631
- 贰　词汇语法部分 ……………………………… 632
  - 六　172个词（或词组）(4001—4172)…… 632
  - 七　37个例句（9001—9037）……………… 641

壹 语音部分

一 声调

诗	梯	方—房
时	题	天—田
使矢	体	初—锄
是士	弟	昏—魂
试世	替	胸—雄
事侍	第	
识	滴	碗—晚
石食	笛	委—尾
	踢	隐—引
		比：米
		九：有
		捲①：远
衣	移	到—稻—盗
椅	以	四—似—寺
意	异	试—市—示
一	逸	见—件—健
		救—舅—旧
		汉—旱—汗
灯	棉	八—拔
等	免	發—罚
凳	面	督—毒
得	灭	桌—浊
		失—实
		湿—十

---

① 原文存在部分繁简体字混用现象。收入文集时根据现行规范统一为简体字，个别繁简体有区别意义的字保留繁体字形。

安　　边　丁　尊　专　知　刚
　　　偏　天　初　粗　超　开
文　飞　唐　商　床　陈　婚
祆　平　难　三　时　娘　穷
　　扶　短　才　人　展　寒
有　麻　体　详　纸　丑　鹅
　　比　暖　龙　　　　　古
爱　普　断　走　　　女　口
　　粉　对　楚　　　柱　好
望　买　大　手　　　帐　五
　　倍　怒　染　　　　　近
用一　父　得　是　　　　　厚
约　变　秃　社　　　阵　盖
药　怕　惜　正　　　　　靠
　　放　接　唱　　　竹　汉
　　备　切　世　　　　　共
　　饭　削　助　　　桌　害
　　帽　六　树　　　　　岸
　　笔　杂　闻　　　　　急
　　匹　俗　职　　　　　曲
　　福　　　出　　　　　黑
　　百　　　识　　　　　各
　　拍　　　责　　　　　却
　　法　　　尺　　　　　歇
　　麦　　　说　　　　　岳
　　白　　　入　　　　　局
　　服　　　食　　　　　合
　　　　　　舌

二 声母

1 2　　　3　　　　　4　　　　5
布—步　　别　　　　怕　　　盘

　　6 7　　8 9　　10 11　　12 13
　　门—闻　飞—灰　冯—红　扶—胡

14 15　　16　　　　17　　　18
到—道　夺（奪）　　太　　　同

　　19 20　　21 22　　23 24　　25 26 27
　　南—蓝　怒—路　女—吕　莲—年—严

28 29　　30　　　　31　　　32
贵—跪　杰　　　　开　　　葵

　　33 34　　35 36　　37 38 39　　40 41
　　岸—暗　化—话　围—危—微　午—武

42 43　　44 45　　　46 47
精—经　节—结　　　酒—九

48 49　　50　　51　　52 53
秋—丘　齐(齊)—旗　修—休

54 55　　56　57　　　　　　58 59
全—拳　旋—玄　　　　　　税—费

　　60 61 62　　　　63 64 65
　　糟—招—焦　　　仓—昌—枪

　　66 67 68 69　　70 71 72
　　曹—巢—潮—桥（橋）　散—扇—线

　　73 74 75　　　　76 77　　78
　　祖—主—举（舉）　醋—处（處）—去

　　79　　80　　　　81　　　82 83
　　从（從）—虫（蟲）　苏（蘇）—书—虚

　　84 85 86　　　　87 88 89
　　增—争—蒸　　　僧—生—声（聲）

　　90 91 92 93　　94 95　　96
　　粗—初—锄—除　思—师（師）—施

　　97 98　　　　　99 100 101
　　认—硬　　　　扰—脑—袄

　　102 103　　　　104 105　　　106
　　若—约　　　　闰—运（運）　而

　　107 108 109 110 111　　112 113
　　延—言—然—缘—元　　软—远（遠）

三 韵母

114	115	116		117	118	119	120
爬	河	蛇		资 —	支 —	知	耳

121		122	123	124	125
架		茄	野	第 —	地

126	127			128
花	过（過）			故

		129		130	131
		靴		居 —	基

132	133	134	135	136	137	138	139	140
辣	舌	色	合	割	北 —	百	直	日

141	142		143	144	145	146	147	148
夹	铁（鐵）—		踢	落 —	鹿 —	绿	接	急

149		150	151	152	153		154	155
刮		各 —	郭 —	国	活		出	木

156		157	158	159	160
确（確）—		缺	月 —	欲 —	药

161		162	163	164		165	166
盖（蓋）—		介	倍	妹		饱 —	保

			167	168	169	170	171
			桃	斗 —	赌	丑 —	母

172	173		174	175	176	177	178
怪 —	桂		帅(帥)	条（條）	流	烧 —	收

179	180			181	182	183	184
短 —	胆（膽）—			党（黨）	酸 —	三 —	桑

185	186		187	188		189	190
干 —	间		含 —	衔		根 —	庚

191	192		193	194		195	196	197
讲 —	减 —		检 —	紧		心 —	新 —	星

198	199		200	201	202	203
良 —	廉 —		连 —	林 —	邻 —	灵（靈）

204	205		206		207	208	209	210
光 —	官 —		关（關）		魂 —	横	温 —	翁

211		212	213		214	215
权（權）—		船 —	床		圆 —	云（雲）

216	217	218		219	220
群 —	琼 —	穷		勋 —	胸

四 音系基础字

221 把	222 麻	223 马	224 乏	225 搭	226 打	227 拿
228 纳	229 杂	230 擦	231 插	232 茶	233 杀	234 家
235 瞎	236 夏	237 压（壓）	238 雅	239 抓	240 刷	241 瓜
242 滑	243 画（畫）	244 瓦	245 袜（襪）	246 遮	247 车	248 惹
249 热（熱）	250 歌	251 格	252 课	253 刻	254 客	255 贺
256 饿	257 恶	258 驳	259 婆	260 佛	261 多	262 拖
263 脱	264 骡	265 左	266 坐	267 作	268 捉	269 说
270 祸	271 或	272 窝	273 卧	274 灭	275 解	276 借
277 切	278 歇	279 邪	280 鞋	281 写	282 血	283 夜
284 绝	285 雪	286 字	287 死	288 织	289 治	290 迟（遲）
291 尺	292 诗	293 湿（濕）	294 失	295 儿	296 二	297 比
298 笔	299 皮	300 米	301 滴	302 底	303 泥	304 你
305 礼（禮）	306 力	307 鸡	308 饥	309 积	310 欺	311 席
312 补（補）	313 亩	314 符	315 福	316 付	317 土	318 奴
319 卒	320 足	321 俗	322 猪	323 树	324 古	325 哭
326 虎	327 护（護）	328 乌	329 屋	330 五	331 驴	332 律
333 橘	334 锯	335 句	336 屈	337 徐	338 许	339 鱼

340 域	341 白	342 拍	343 牌	344 买	345 麦	346 戴
347 耐	348 来	349 宰	350 在	351 菜	352 摘	353 窄
354 柴	355 晒（曬）	356 改	357 海	358 矮	359 艾	360 爱（愛）
361 外	362 碑	363 美	364 肥	365 肺	366 类（類）	367 贼
368 黑	369 队	370 腿	371 嘴	372 罪	373 碎	374 追
375 垂	376 水	377 鬼	378 毁	379 位	380 薄	381 抱
382 毛	383 刀	384 闹	385 老	386 草	387 照	388 告
389 飘	390 庙（廟）	391 料	392 角	393 叫	394 巧	395 笑
396 咬	397 某	398 浮	399 透	400 漏	401 走	402 抽
403 熟	404 瘦	405 受	406 肉	407 口	408 厚	409 丢
410 牛	411 柳	412 六	413 救	414 幼	415 办（辦）	416 满
417 慢	418 反	419 饭	420 淡	421 贪	422 烂	423 惨（慘）
424 斩	425 展	426 衫	427 山	428 敢	429 汉	430 汗
431 变（變）	432 片	433 点	434 天	435 念	436 恋（戀）	437 贱
438 剑	439 见	440 牵	441 欠	442 先	443 限	444 烟
445 眼	446 验	447 乱（亂）	448 宽	449 换	450 碗	451 劝（勸）
452 选（選）	453 愿	454 本	455 分	456 真	457 枕	458 沉
459 衬	460 深	461 人	462 肯	463 恨	464 恩	465 贫

466 近	467 引	468 印	469 顿	470 吞	471 论	472 寸
473 孙(孫)	474 准	475 春	476 顺	477 滚	478 困	479 问
480 训	481 帮(幫)	482 忙	483 方	484 汤	485 浪	486 葬
487 厂(廠)	488 赏	489 让	490 港	491 娘	492 两	493 匠
494 墙	495 向	496 羊	497 壮	498 筐	499 狂	500 谎
501 网	502 往	503 烹	504 朋	505 猛	506 丰(豐)	507 奉
508 等	509 冷	510 郑	511 升	512 绳	513 兵	514 饼
515 病	516 凭	517 命	518 定	519 听(聽)	520 领	521 净
522 轻	523 请	524 醒	525 鹰	526 营	527 迎	528 冻
529 动	530 通	531 农	532 笼	533 送	534 终	535 荣
536 贡	537 孔	538 熊	539 永	540 用		

五　单字表

541 *巴　542 疤　543 *八　544 拔　545 霸欄柄壩堤坝平川

546 *爸　547 *罢（罷）　548 〔*妈〕　549 *骂　550 *發　551 *罚

552 *法　553 *髮　554 答　555 达（達）　556 *大　557 *他

558 塌　559 塔　560 踏　561 *拉　562 腊　563 *洒（灑）

564 渣　565 扎（劄）扎针　566 闸（牐）　567 *炸（煠）用油炸　568 札

569 紮　570 铡铡刀　571 诈榨榨油〔*炸〕炸弹　572 乍　573 叉

574 *差差价，差错　575 搽搽粉　576 〔*查〕调查　577 *察

578 差差别，差不多　579 岔三岔路　580 *沙*纱　581 傻傻子

582 〔俩〕两个　583 *加嘉　584 佳　585 袷袷衣　586 *假真假

587 贾　588 *甲　589 *假放假　590 *嫁*驾*稼　591 *价（價）　592 掐

593 卡　594 *恰　595 虾　596 霞　597 匣匣子　598 辖管辖

599 *下下山　600 *下上下　601 吓吓一跳　602 鸦　603 *鸭押

604 *牙*芽　605 哑　606 亚

607 爪爪子　608 〔*耍〕　609 寡　610 *挂卦　611 *夸　612 〔*垮〕

613 跨　614 *华铧　615 *划（劃）　616 *挖

617 *得 德	618 *特	619 乐(樂)快乐		620 勒勒索	621 *则
622 *择选择*泽	623 *责	624 侧	625 *厕厕所	626 测	627 *策册
628 涩	629 瑟	630 啬	631 哲	632 *折	633 *者
634 浙	635 *扯	636 彻撤	637 *蛇	638 *舌	639 折弄折了
640 舍(捨)	641 赦	642 舍	643 社	644 *射	645 *涉
646 *设	647 鸽	648 阁	649 *革*隔	650 *个(個)箇	651 *科棵
652 颗	653 壳	654 可		655 渴	656 克
657 *何荷荷花		658 禾*和和气		659 盒烟盒	660 核
661 蛾*鹅*俄		662 讹讹诈		663 额	

664 *波	665 *播	666 玻玻璃	667 拨	668 剥剥削	669 博
670 伯	671 簸簸一簸	672 簸簸箕	673 坡颇	674 泼泼水	675 *破
676 *迫	677 *摸	678 魔摩	679 *磨磨刀	680 模模范	681 *磨石磨
682 抹抹药,抹墙	683 末沫	684 *没沉没,没落	685 *莫	686 墨默	

687 朵〔躲〕	688 惰	689 *它(他)其它	690 託托	691 驼驮驮起来	692 *妥
693 挪挪动	694 糯糯米	695 *罗(羅)锣箩		696 洛骆骆驼络	
697 *昨	698 *做	699 座	700 凿	701 搓	702 矬矮

703 *错错误
704 蓑蓑衣 梭织布梭
705 *缩
706 *锁琐琐碎
707 *所
708 *索
709 拙
710 桌
711 *着着重
712 浊
713 镯手镯
714 戳
715 *弱
716 *锅
717 *果裹
718 阔
719 括包括
720 *扩扩充
721 豁豁嘴，豁口
722 *火*伙（夥）
723 *货
724 和和灰
725 *获
726 *我
727 握掌握

728 鳖
729 撇撇下，撇开
730 *爹
731 跌
732 叠蝶谍碟
733 *贴
734 *帖请帖，字帖
735 捏
736 猎
737 *列*烈裂
738 *劣
739 *皆*街*阶
740 截
741 洁
742 姐
743 *界芥疥*戒
744 *且
745 怯畏怯
746 *些
747 *协（協）
748 泻
749 卸
750 *谢
751 械
752 蟹
753 泄泄漏
754 噎噎住了
755 *也
756 *叶（葉）
757 *业

758 虐疟疟疾
759 *略
760 掘
761 *决
762 *觉感觉
763 瘸瘸腿
764 *却
765 靴
766 薛
767 *削剥削
768 *学
769 悦*阅
770 *越
771 岳*乐（樂）音乐

772 姿
773 兹滋
774 紫
775 姊
776 *子
777 *自

778 雌	779 差参差		780 *瓷瓷器糙（瓷）糙巴，慈*磁磁石		
781 *辞*词	782 祠	783 *此	784 刺	785 赐	786 *次
787 斯撕	788 私，*司*丝		789 *四肆	790 *似祀祭祀	791 寺
792 饲	793 蜘蜘蛛	794 *枝肢	795 脂，*之芝		796 汁
797 *只（隻）	798 *执（執）	799 *值*植	800 *职	801 侄	802 *纸
803 *只只有	804 旨指，*止址		805 *制制度，制造		806 智
807 致	808 至，*志誌痣	809 *置	810 *质	811 吃（喫）	812 *池驰
813 匙	814 *耻	815 *齿	816 翅	817 赤	818 狮
819 尸屍	820 虱	821 *时（時）	822 *十拾拾起来		823 *实（實）
824 *食*蚀	825 识	826 *石	827 矢	828 屎	829 *史使驶
830 *始	831 *世*势（勢）		832 誓	833 *是	834 *示	835 视
836 *士	837 柿	838 事	839 试	840 *市	841 恃	842 *室
843 *式	844 *适	845 释	846 *日		

847 *逼	848 鼻	849 彼	850 鄙	851 蔽	852 敝弊*币毙
853 *闭	854 *臂	855 避	856 篦梳头篦子	857 *毕	858 *必
859 璧，*壁	860 *批	861 披	862 *匹一匹马，一匹布		863 劈
864 疲，脾	865 譬	866 屁	867 *迷	868 谜	869 秘

870 *密，蜜
871 觅
872 *低
873 堤
874 *的的确

875 *敌（敵）狄笛
876 *抵抵用角抵
877 *帝
878 *弟
879 递

880 *梯
881 剔
882 *题*提啼蹄
883 *体（體）
884 *替涕鼻涕剃

885 尼
886 腻
887 逆顺逆，逆风
888 *犁黎
889 *离（離）篱

890 梨，厘狸
891 *李*里*里（裏）*理鲤
892 *例厉（厲）励（勵）

893 丽（麗）美丽
894 *隶
895 *利痢，吏
896 *立
897 *粒

898 栗
899 *歷曆
900 *几（幾）几乎
900 *机讥
900 *饥饥荒
901 迹蹟

902 *绩
903 *激*击（擊）
904 集
905 *即
906 疾
907 脊
908 *籍籍贯

909 级
910 及
911 吉
912 极
913 挤
914 己

915 *几（幾）几个
916 *给供给
917 *祭*际（際），济
918 剂

919 计*继系系鞋带
920 *寄
921 *技妓
922 *纪纪律，年纪

923 记
924 忌
925 *既
926 季
927 *妻凄

928 *七漆
929 脐
930 *奇骑
931 *其
932 *期时期

933 棋麒
934 *启
935 *起，岂
936 契契约
937 器，弃，*气（氣）*汽

938 *西犀
939 溪
940 牺（犧）
941 *希*稀
942 析

943 *息熄
944 *惜
945 吸
946 习
947 锡
948 洗

949 *喜
950 *细
951 *系
952 *戏

953 *医（醫）
954 *衣*依
955 *一
956 *宜
957 *移
958 夷姨

959	960	961	962	963	964
*疑	遗	倚椅	*已*以	*乙	*艺
965		966	967	968	969
*义(義)*议		*易容易	*意	*异	亿
970	971	972		973	974
*益	亦	译		*易交易	*疫役

975	976	977	978	979	980
捕	*布	部	簿	埠	*不
981	982		983		984
*铺铺设	*扑(撲)		蒲葡葡萄脯(蒲)胸脯		仆
985	986	987	988		989
谱	*普	*铺店铺	模模子		暮慕墓募
990	991	992	993	994	995
幕	*目	牧	*夫	肤	敷麸孵
996		997		998	999
服*伏		府腑俯甫脯杏脯*斧		*腐	辅
1000	1001	1002	1003	1004	
傅	*父	*附	富	*妇(婦)*负	
1005	1006		1007	1008	
*复(複)腹	*复(復)		*都都城	*独(獨)犊 读,*毒	
1009	1010	1011	1012		1013
堵	*肚猪肚	杜	肚人的肚子		*度渡镀
1014	1015	1016		1017	1018
秃	突	*徒*途*涂*图*屠		*吐吐痰	兔
1019	1020	1021	1022	1023	1024
*努	卢*炉芦	鲁橹卤	*露	禄	陆
1025	1026	1027	1028	1029	1030
录	*租	*族	*组	*阻	酥
1031			1032	1033	1034	1035
素*诉塑嗉鸟嗉子			速	宿	粟	诸
1036	1037		1038	1039	1040
蛛株	*朱*珠		*竹	*筑(築)	烛
1041	1042	1043	1044	1045	1046
*煮	嘱	著显著	驻註	*柱	住

1047 *注蛀铸	1048 *助	1049 *祝	1050 厨	1051 储储蓄
1052 *楚础	1053 *处（處）处理,相处	1054 *畜畜牲	1055 触（觸）	1056 *梳梳头 疏疏忽
1057 舒,*输	1058 殊	1059 *叔	1060 赎	1061 黍
1062 *鼠	1063 *数动词	1064 *属	1065 *数名词	1066 竖
1067 漱漱口	1068 *术述	1069 *如	1070 乳	1071 辱	1072 *入
1073 褥	1074 *姑辜 *孤	1075 *估估计	1076 *股 *鼓	1077 *骨
1078 *谷（穀）谷山谷	1079 *固 *雇 顾	1080 枯	1081 *苦	1082 *库 裤
1083 *呼	1084 *忽	1085 *湖糊狐 葫葫芦 *壶鬍	1086 〔煳〕
1087 核（楜）枣核儿	1088 *互	1089 *户	1090 吴梧梧桐	1091 *无
1092 *伍入伍	1093 *舞	1094 *误 *悟	1095 恶厌恶,可恶
1096 *务（務）雾	1097 *物	1098 勿

1099 *旅	1100 虑滤	1101 拘驹	1102 菊	1103 *局	1104 *聚
1105 *据（據）	1106 巨拒距	1107 *具	1108 *剧（劇）戏剧	1109 蛆生蛆
1110 *区（區）区域驱	1111 *曲曲折,歌曲	1112 麯（麴）酒麯	1113 渠
1114 *取娶	1115 趣	1116 *须鬚*需	1117 嘘	1118 絮
1119 *序叙绪	1120 *续	1121 婿女婿	1122 恤	1123 *畜畜牧蓄储蓄
1124 余姓*余（餘）	1125 *愚虞*娱	1126 *于盂	1127 榆愉	1128 语

1129 *与(與)及,给与	1130 *雨	1131 与(與)参与誉荣誉 *预	1132 *遇寓
1133 裕喻	1134 *育	1135 *玉	1136 狱

1137 *摆	1138 柏柏树	1139 *拜	1140 *败	1141 稗稗子	1142 *排
1143 *派	1144 *埋	1145 *卖	1146 迈(邁)	1147 脉	1148 〔歹〕
1149 *带	1150 *贷	1151 *待怠	1152 *代 *袋	1153 胎 1154 *抬	*台(臺)
1155 *泰	1156 *态(態)	1157 *乃	1158 奶	1159 奈	
1160 赖	1161 *灾 *栽	1162 载三年五载	1163 *再	1164 载载重	
1165 *猜	1166 *才 *财材 *裁	1167 彩 *採〔睬〕	1168 蔡	1169 腮(顋)	
1170 塞塞住	1171 *赛塞边塞	1172 斋	1173 *择择菜宅	1174 债	1175 *差出差
1176 拆拆开	1177 筛筛子	1178 骰骰子	1179 *该	1180 *概	1181 揩
1182 慨慷慨,感慨	1183 *孩	1184 *害	1185 *哀	1186 *挨	1187 *碍(礙)

1188 衰〔摔〕	1189 *率统率	1190 乖	1191 拐	1192 会(會)会计
1193 *块	1194 *快〔筷〕	1195 *怀(懷)槐淮		1196 坏(壞)
1197 歪				

1198 杯	1199 卑	1200 *悲	1201 贝	1202 *辈 *背	1203 *被

1204	1205	1206	1207	1208
*备（備）	坯土坯	披	培陪赔	*配
1209	1210	1211	1212	1213	1214
佩	梅枚媒	眉霉（黴）	*每	昧	*非
1215	1216	1217	1218		1219
*匪	废	痱痱子	得一定得去		*内
1220	1221	1222	1223
勒勒紧	*雷擂	*累积累	*累（儽）疲累
1224	1225	1226
*泪	肋	给给你

1227	1228	1229	1230	1231	1232
*堆	*对（對）	兑	*推	退	最
1233	1234	1235	1236	1237	1238
*醉	*催崔	脆	翠	*虽（雖）	*随（隨）隋
1239	1240	1241	1242	1243	1244	1245
*岁	穗	锥	*吹炊	槌*锤	谁	*睡
1246	1247	1248	1249	1250	1251
蕊	锐	*规	龟	*归（歸）	轨
1252	1253	1254	1255	1256	1257
鳜鳜鱼	*櫃	*亏	愧	*挥辉徽	*回
1258	1259	1260	1261	1262
*悔	贿	*会（會）开会，会不会绘	*汇	溃溃脓，崩溃
1263	1264	1265	1266	1267
*惠慧	讳	威	桅	*为（爲）作为
1268	1269	1270	1271	1272
*维惟	违	委	伪（僞）	*尾
1273	1274	1275	1276
*伟苇芦苇	*卫	喂（餧）	*为（爲）为什么
1277	1278	1279	1280
*未*味	魏	*畏	*胃谓猬刺猬

1281	1282	1283	1284	1285	1286
褒褒贬	*包	*剥剥皮	雹	*宝（寶）	堡

1287 *报(報)	1288 *暴	1289 豹爆	1290 鲍姓,鲍鱼
1291 抛泡不坚实	1292 *袍刨	1293 *跑	1294 泡 *砲炮炮仗
1295 *猫	1296 茅锚	1297 矛	1298 卯	1299 *冒 *帽	1300 貌
1301 茂	1302 贸	1303 祷 *岛 *倒打倒,倒塌捣		1304 导
1305 *倒倒水	1306 *稻 *道	1307 *盗	1308 滔掏掏出来	1309 *逃陶
1310 *讨	1311 *套	1312 挠阻挠,挠痒	1313 *恼	1314 捞
1315 *劳牢	1316 涝旱涝不均	1317 烙酪		1318 遭
1319 凿	1320 *早枣	1321 躁急躁	1322 灶(竈)	1323 皂 *造
1324 操	1325 糙	1326 槽	1327 骚臊腥臊搔	1328 扫(掃)扫地 *嫂
1329 *扫(掃)扫帚	1330 *朝朝夕	1331 昭	1332 *着睡着
1333 爪爪牙〔*找〕	1334 *罩	1335 *赵兆	1336 *抄略取,抄写钞
1337 超	1338 *朝朝代	1339 炒 *吵	1340 梢树梢捎捎带	1341 稍
1342 勺勺子	1343 *少多少	1344 潲潲雨	1345 *少少年
1346 *绍	1347 饶	1348 *绕	1349 高膏羔 *糕	1350 *稿
1351 *搞(搅)	1352 *考烤	1353 靠	1354 蒿蓬蒿薅除田草
1355 豪毫	1356 *好好坏	1357 *好喜好	1358 耗	1359 *号
1360 熬(爊)熬肉	1361 熬	1362 傲		

1363 *标（標）	1364 彪	1365 *表	1366 鳔鱼鳔	1367 瓢〔嫖〕嫖赌	
1368 漂漂白	1369 〔*票〕	1370 〔漂〕漂亮		1371 *苗描	1372 秒
1373 妙	1374 刁貂雕	1375 钓吊	1376 *掉	1377 *调音调，调动	
1378 *挑	1379 调调和	1380 *跳	1381 *鸟	1382 *尿	1383 聊辽
1384 疗	1385 *了了结，了解		1386 蕉椒	1387 *交郊*胶*教教书	
1388 骄娇	1389 浇	1390 嚼	1391 绞狡搅		1392 *脚
1393 *教教育，教他去*校校对*较酵窖*觉睡觉					1394 轿
1395 锹	1396 *敲	1397 樵〔*瞧〕	1398 乔（喬）侨		1399 鹊喜鹊
1400 俏	1401 窍	1402 壳	1403 *消宵霄硝销，萧箫		1404 *削削皮
1405 小	1406 *晓		1407 孝	1408 *效*校学校	
1409 妖，邀*腰*要要求，么么二三				1410 肴淆	1411 *摇*谣窑遥姚
1412 舀舀水	1413 要想要，重要			1414 疟发疟子	1415 钥

1416 *谋	1417 *否	1418 *都都是	1419 兜	1420 抖陡	1421 *斗（鬥）
1422 *豆痘	1423 *偷	1424 *头（頭）*投		1425 *楼楼	1426 搂搂抱
1427 邹	1428 奏	1429 骤		1430 凑	1431 搜馊饭馊了
1432 *周舟*州洲		1433 *粥	1434 轴	1435 *肘	1436 帚
1437 昼	1438 皱绉	1439 *绸稠*筹		1440 *愁	1441 *酬*仇（讎）

| 1442 *臭香臭 | 1443 *手*首*守 | 1444 *兽 | 1445 *寿（壽）*授售 | 1446 *柔揉 |

1447 勾钩*沟　1448 *狗苟　1449 縠往上縠*够构购媾

1450 叩叩头　1451 *扣扣住寇　1452 侯*喉猴　1453 *后（後）

1454 *候　1455 欧　1456 藕*偶　1457 呕呕吐　1458 沤久浸水中

1459 纽扭　1460 溜　1461 *刘（劉）*留榴硫硫黄琉琉璃

1462 馏馏馒头　1463 揪一把揪住　1464 *纠　1465 *久韭

1466 灸针灸　1467 *就　1468 *究　1469 *舅　1470 旧（舊）　1471 囚

1472 *求*球　1473 羞　1474 朽　1475 宿一夜叫一宿

1476 秀绣锈铁锈　1477 *袖　1478 *忧优（優）　1479 悠　1480 幽

1481 *尤邮（郵），*由*油*游*遊犹（猶）　1482 *有*友　1483 *又*右宥祐

1484 柚釉

1485 *班斑颁板　1486 *般*搬　1487 *板版　1488 扮　1489 *半

1490 伴　1491 拌（秚）拌白菜　1492 攀　1493 潘　1494 盼

1495 *判　1496 蛮　1497 瞒　1498 漫幔　1499 帆

1500 *翻番三番五次　1501 *凡　1502 *烦繁矾　1503 *范*犯　1504 贩

1505 *担（擔）担任　1506 丹*单单独　1507 *担（擔）挑担　1508 旦

1509 *但 *弹子弹 *蛋
1510 坍（坤）坍下来
1511 滩摊
1512 谭
1513 *谈 *痰
1514 檀 *弹弹琴
1515 毯
1516 坦坦白
1517 *探试探，侦探
1518 *炭 *叹
1519 *男
1520 *难（難）难易
1521 *难（難）患难
1522 *篮
1523 兰拦栏
1524 览揽
1525 *懒
1526 滥
1527 *暂
1528 *赞
1529 *参（參）
1530 餐
1531 *蚕（蠶）
1532 *残
1533 伞 *散鞋带散了
1534 沾粘粘贴
1535 毡
1536 盏
1537 *站
1538 蘸蘸酱油
1539 占
1540 栈
1541 *战（戰）
1542 搀
1543 蝉
1544 馋
1545 缠
1546 铲
1547 *产
1548 膻搧
1549 陕陕西
1550 善
1551 燃
1552 *染
1553 *甘柑泔泔水
1554 *肝竿竹竿 *干（乾）干湿
1555 *感
1556 杆 *秆稻秆
1557 〔*赶（趕）〕
1558 *干（幹）
1559 堪
1560 *看看守刊
1561 坎〔砍〕
1562 *看看见
1563 函
1564 *寒韩
1565 *喊
1566 *旱
1567 *安鞍
1568 *按 *案

1569 鞭，*编 *边（邊）
1570 贬
1571 扁匾
1572 *辨辩
1573 *便方便
1574 辫
1575 徧 *遍
1576 *篇 *偏
1577 便便宜
1578 〔*骗〕
1579 绵 *棉，眠
1580 *免勉
1581 *面
1582 颠
1583 *典
1584 *店
1585 *电（電）
1586 殿佃
1587 *添
1588 甜
1589 田 填

1590 舔以舌取物	1591 㧈㧈起来	1592 *黏,鲇鲇鱼	1593 碾
1594 辇	1595 撵(趁)	1596 *镰帘(簾)	1597 *联(聯)
1598 *怜	1599 *脸	1600 敛	1601 *练鍊*炼	1602 *尖
1603 歼(殲)歼灭	1604 煎,笺	1605 *监监视,监牢	1606 兼
1607 *艰(艱)	1608 奸*奸	1609 *肩*坚	1610 剪	1611 碱	1612 俭
1613 *简柬拣	1614 茧	1615 *渐	1616 箭溅溅一身水
1617 荐(薦)	1618 间间断,间或涧	1619 *件	1620 建
1621 *健腱	1622 籤*签	1623 迁(遷),*千	1624 谦	1625 铅
1626 *钱	1627 *前	1628 钳	1629 乾乾坤虔	1630 *浅	1631 *仙
1632 *鲜新鲜	1633 掀	1634 *嫌	1635 闲*閒	1636 贤	1637 *险
1638 *显	1639 陷馅	1640 苋苋菜	1641 宪*献(獻)	1642 现
1643 *县	1644 淹	1645 腌	1646 岩	1647 盐簷阎	1648 颜
1649 *研	1650 掩	1651 *演	1652 *厌	1653 酽酽茶	1654 雁
1655 晏晚也	1656 砚	1657 *燕燕子嚥	1658 宴宴会
1659 端	1660 *断(斷)决断锻锻炼	1661 *断(斷)断绝	1662 *段缎
1663 *团(團)	1664 *暖	1665 卵	1666 钻	1667 *算蒜
1668 *专*砖	1669 *转转眼,转运	1670 *赚	1671 *转转螺丝,转圆圈

1672 篆
1673 *传 传记
1674 *川 *穿
1675 *传 传达 椽
1676 喘

1677 串（穿）钏
1678 囝囡囝 *拴
1679 涮 涮洗
1680 观（觀）参观 冠 衣冠

1681 *管 *馆
1682 贯 灌 罐 观（觀）寺观 冠 冠军

1683 *惯
1684 *款
1685 *欢（歡）
1686 *还（還）还原 *环（環）

1687 缓
1688 唤 焕
1689 患 宦
1690 剜 豌 豆
1691 弯 *湾

1692 *完
1693 丸 肉丸，弹丸
1694 *玩（頑）玩耍 顽 顽皮，顽固

1695 晚 挽
1696 *玩 游玩
1697 *万（萬）蔓 瓜蔓

1698 *捐
1699 *卷（捲）卷起
1700 眷 卷
1701 绢
1702 圈 猪圈

1703 倦
1704 *圈 圆圈
1705 *泉
1706 跨 踏 腿 颧 颧骨
1707 犬

1708 *宣
1709 悬
1710 癣
1711 楦 鞋楦
1712 *冤
1713 *员

1714 *原 源
1715 袁 *园 辕 *援 援助
1716 *院
1717 *怨

1718 奔
1719 笨
1720 喷
1721 盆
1722 *闷
1723 芬 *纷

1724 坟
1725 *粉
1726 愤 忿
1727 *粪 *奋（奮）
1728 份 一份两份

1729 嫩
1730 参（參）参差
1731 *森
1732 *针 斟
1733 珍

1734 朕（朕）朕肝
1735 贞
1736 侦
1737 诊 疹
1738 *镇
1739 *阵

1740 *振 震
1741 *陈 尘
1742 *晨 辰 臣
1743 *趁
1744 称（稱）称心，相称

1745 参(參) 人参	1746 *身申*伸	1747 神	1748 婶审沈	1749 渗水渗透
1750 *甚	1751 肾	1752 慎	1753 仁	1754 忍	1755 *任	1756 刃
1757 *跟	1758 恳(懇)垦(墾)啃(齦)			1759 *很

1760 *宾(賓)	1761 殡	1762 〔拼〕拼命	1763 频频繁	1764 *品
1765 聘	1766 *民	1767 敏	1768 *临	1769 淋淋湿	1770 鳞燐
1771 赁租赁	1772 吝	1773 *津	1774 *今*金襟	1775 *禁禁不住
1776 *巾	1777 *斤筋	1778 尽(儘)尽先	1779 *仅	1780 尽(盡)
1781 *进	1782 *禁禁止	1783 *劲(勁)有劲	1784 *侵	1785 *亲
1786 秦	1787 琴禽擒	1788 *勤芹	1789 寝
1790 *辛薪	1791 欣	1792 *信	1793 *音*阴	1794 *因姻
1795 殷	1796 *银	1797 寅	1798 *饮饮酒	1799 隐	1800 尹

1801 敦敦厚墩	1802 盾矛盾,赵盾	1803 钝遁	1804 屯豚	1805 仑
1806 *轮伦	1807 尊	1808 *遵	1809 *村	1810 皴脸皴
1811 *存	1812 损	1813 笋	1814 *唇	1815 纯莼莼菜醇酒味醇
1816 蠢	1817 润	1818 〔*棍〕	1819 昆崑	1820 坤	1821 捆
1822 *昏*婚	1823 荤	1824 浑浑浊	1825 *混	1826 瘟	1827 *文纹
1828 稳

1829 *均钧，君 *军
1830 俊
1831 菌
1832 裙
1833 熏薰
1834 *寻
1835 旬循巡
1836 迅
1837 *讯
1838 匀均匀
1839 允
1840 熨（煴）
1841 晕
1842 韵
1843 孕

1844 邦
1845 榜〔绑〕
1846 棒
1847 *旁
1848 胖（胖）肥胖
1849 芳
1850 *妨
1851 *防
1852 *房
1853 仿倣傚
1854 纺彷彷彿仿相似
1855 *访
1856 *放
1857 *当（當）当家，应当
1858 〔挡〕阻挡
1859 *当（當）上当，典当
1860 *堂唐*糖塘搪
1861 倘倘使躺
1862 烫〔趟〕
1863 囊
1864 郎廊狼
1865 臧*赃〔*髒〕
1866 藏西藏臟
1867 *苍
1868 藏隐藏
1869 *丧（喪）婚丧
1870 嗓
1871 丧（喪）丧失
1872 *张
1873 *章樟
1874 *长生长涨涨水
1875 *掌
1876 *丈杖
1877 仗
1878 *帐账胀*涨
1879 障保障
1880 *长长短*肠
1881 *场
1882 *常尝（嘗）偿（償）
1883 畅
1884 *唱*倡提倡
1885 *商*伤（傷）
1886 *上上山
1887 *上在上
1888 *尚
1889 瓢瓜瓢
1890 壤土壤攘嚷
1891 冈*刚纲*缸（甌）
1892 *钢
1893 肛扛
1894 杠
1895 *康糠
1896 慷慷慨
1897 *抗炕
1898 *行外行，银行航杭
1899 〔*肮〕肮脏
1900 昂

汉语方言调查简表·五　单字表

1901 *凉	*量量长短	*粮（糧）	*梁粱	1902 *亮谅	*量度量辆	1903 *将浆
1904 疆僵	1905 姜（薑）姜		1906 *江	1907 蒋*奖	1908 *酱	*将大将
1909 *降下降虹天上的虹		1910 呛吃呛了		1911 腔		1912 强
1913 抢		1914 呛烟呛人		1915 *相互相		1916 *箱厢湘襄镶
1917 *香	*乡	1918 *详祥翔		1919 *降降服,投降		1920 *想
1921 享	*响（響）	1922 饷	1923 *像*象橡		1924 *相相貌	1925 *项
1926 *巷	1927 *央	*秧殃	1928 *洋*杨*阳*扬		1929 仰	1930 *养（養）痒（癢）
1931 *样（樣）恙						

1932 *庄（莊）*装		1933 桩木桩	1934 *状	1935 撞	1936 疮	1937 *窗
1938 闯	1939 *创	1940 *霜	1941 *双（雙）		1942 *爽	1943 *广
1944 逛	1945 *况	1946 *矿		1947 *荒*慌		1948 *黄皇*蝗
1949 晃晃眼	1950 〔掜〕摇掜		1951 汪	1952 *亡		1953 *王
1954 *望	1955 *忘	1956 *旺兴旺,火烧旺				

1957 崩	1958 〔甭〕不用		1959 彭膨膨胀棚		1960 篷蓬	1961 棒
1962 *碰	1963 盟	1964 蒙	1965 孟		1966 梦	1967 风疯
1968 *封	1969 峰锋蜂		1970 *逢	*缝缝衣服	1971 讽	1972 凤

1973 俸	1974 *缝一条缝	1975 *登*灯(燈)	1976 凳	1977 邓
1978 瞪	1979 *腾誊藤*疼(癃)	1980 *能	1981 棱(楞)	1982 *曾姓*增
1983 赠	1984 *曾曾经*层	1985 筝〔睁〕	1986 正正月*征	1987 *整
1988 证(證)症(證)		1989 *政正	1990 *称(稱)称呼	1991 撑
1992 橙	1993 *乘	1994 *承丞	1995 呈*程	1996 *城*成*诚*盛盛满了
1997 *秤一杆秤	1998 *牲牲口甥		1999 *省	2000 剩
2001 *胜	2002 圣	2003 *盛兴盛	2004 扔	2005 *仍
2006 *更更改羹	2007 *耕	2008 *更更加	2009 坑	2010 恒
2011 衡	2012 *横蛮横			

2013 冰	2014 丙秉	2015 *併合併	2016 *並	2017 *平*评坪
2018 *瓶屏围屏*萍浮萍		2019 *明*鸣	2020 名,铭	2021 丁钉铁钉
2022 *顶鼎	2023 钉钉住	2024 *订订约	2025 *厅	2026 *亭*停
2027 廷庭	2028 挺	2029 艇		2030 凝
2031 *宁安宁,沪宁	2032 拎	2033 陵凌菱	2034 *铃伶*零	
2035 岭	2036 *令	2037 〔*另〕	2038 晶旌睛眼睛	
2039 更打更粳粳米	2040 *京荆*惊	2041 *井	2042 景*警	2043 颈
2044 *静	2045 *境	2046 *竟	2047 *敬*镜	2048 竞	2049 *清,*青

2050 倾	2051 *情 *晴	2052 顷百亩,顷刻	2053 *庆	2054 腥	
2055 *兴（興）兴旺		2056 *行行为	2057 *形型刑	2058 省反省	
2059 *性 *姓		2060 兴（興）高兴	2061 杏	2062 幸	
2063 应（應）应当,应用		2064 鹦鹦鹉樱樱桃	2065 英	2066 婴缨	
2067 *蝇（蠅）	2068	盈赢	2069 萤	2070 影	
2071 应（應）答应,响应					

2072 *东（東）,*冬	2073 董 *懂	2074 洞	2075 *铜桐 *童瞳	2076 *筒		
2077 *桶捅捅破	2078 *统	2079 *痛	2080 脓	2081 浓	2082 *弄	
2083 聋	2084 隆,*龙	2085 拢	2086 陇垄	2087 棕鬃马鬃,猪鬃		
2088 *宗	2089 踪	2090 *总（總）	2091 粽（糉）粽子	2092 纵放纵		
2093 *聪（聰）囱葱囱烟囱		2094 丛	2095 *松（鬆）	2096 *松	2097 *宋	
2098 诵颂讼	2099 *中当中 *忠	2100 *钟锺盅（鍾）	2101 *种（種）种类肿			
2102 中射中	2103 *仲	2104 众（衆）	2105 重重量	2106 *种（種）种树		
2107 *充	2108 *冲（衝）	2109 舂舂米	2110 崇	2111 *重重复		
2112 宠	2113 绒戎	2114 茸鹿茸	2115 融,*容镕蓉			
2116 *公 *工 *功 *攻攻击		2117 弓躬宫	2118 恭供供给			
2119 拱拱手巩（鞏）巩固		2120 *供供养	2121 *共	2122 *空空虚		

2123
*恐

2124
控 *空 空缺

2125
*轰

2126
烘 烘干

2127
弘，宏

2128
洪 鸿 虹

2129
〔哄〕哄骗

2130
瓮

2131
窘

2132
*兄

2133
凶 吉凶 *兇 兇恶

2134
*雄

2135
*拥（擁）

2136
*勇

单字表附录

1. 数目字加"个",从"一个"到"十个"有无不同的说法?

一个　　　两个,俩　　三个,仨　　四个
五个　　　六个　　　七个　　　　八个
九个　　　十个

2. 干支字的读音。

甲 乙 丙 丁 戊 己 庚 辛 壬 癸
子 丑 寅 卯 辰 巳 午 未 申 酉 戌 亥

3. "儿化"举例。

刀把儿　　两半儿　　牌儿　　盘儿　　豆芽儿　　尖儿
　一点儿　花儿　　小褂儿　　小罐儿　捲儿
刀背儿　　小本儿　　树枝儿　别针儿　小吃儿　　小车儿
　根儿　　歌儿　　鸡儿　　今儿
玩意儿　　脚印儿　　叶(葉)儿　小柜儿　小棍儿
　秤锤儿　嘴唇儿　　金鱼儿
锅儿　　　座儿　　　壶儿　　小刀儿　猴儿　　　袖儿
　亮儿　　黄儿　　　影儿　　虫儿

贰 词汇语法部分

六 172个词（或词组）

4001 太阳——日头 热头 老爷儿 爷爷儿 佛爷儿

4002 月亮——月光 月婆 太阴 月头 月明

4003 打雷——响雷 行雷

4004 打闪——扯闪 闪电 打火闪

4005 下雨——落雨

4006 雹——雹子 冰雹 冰块 冷子 冷弹子

4007 刮风——吹风 翻风（刮小风） 打风（刮大风） 动风

4008 灰尘——土 尘土 灰 烟尘

4009 石灰——灰 蛎灰

4010 煤——煤炭 石炭 炭

4011 煤油——洋油 火油 石油 火水

4012 （赶）集——场 街子 墟（虚） 市

4013 房子（全所）——屋

4014 屋子（单间）——房间

4015 窗户——窗子 窗 阆门 窗门

4016 门坎儿——门限 门槛 地伏

4017 厨房——厨屋 灶屋 灶火 镬灶间

4018 男人——男的 老爷们 男子汉 男人家

4019 女人——女的 妇人 妇道人 内人家

4020 小孩儿（子）——小娃儿 小牙儿 细牙儿
　　　　　　　　　 小囡（团） 小人

4021　老头儿（子）——老汉　老者　老官
4022　医生——大夫　先生　太医　郎中　医官
4023　厨子——大师父　厨师父　火房　掌锅的　做饭的
　　　厨官

4024　父亲——爸爸　爹　达
4025　母亲——妈　娘　妈妈
4026　祖父——爷爷　爷　公　公公　爹爹
4027　祖母——奶奶　奶　婆　太太
4028　外祖父——老爷　外公　外爷
4029　外祖母——姥姥　外奶　外婆　婆婆
4030　兄——哥哥　哥
4031　弟——弟弟　兄弟
4032　姊——姐姐　姐
4033　妹——妹妹　妹子
4034　儿子——儿　小孩子　少爷　娃儿
4035　女儿——闺女　小姐　女娃子　姑娘
4036　舅——舅舅　娘舅
4037　舅母——舅妈　妗母　妗子　娘妗
4038　姑——姑姑　娘儿　姑娘　姑妈　娘娘
　　　（注意未结婚的已结婚的有无不同的称呼。）
4039　姨——姨儿　姨妈　姨娘（参看上注。）
4040　夫——丈夫　先生　男人　老官　爷们　当家的
4041　妻——妻子　太太　女人　老婆　堂客　媳妇
　　　家里（的）

4042 头——脑袋　脑瓜儿（子）　脑壳　头壳
4043 脸——面　面嘴　面孔
4044 额——囟脑门儿　囟门儿　天堂　天顶　额角头　额头
4045 鼻子——鼻头　鼻哥　鼻头官
4046 耳朵——耳根儿　耳头
4047 嘴唇——嘴皮　嘴丬子
4048 舌头——脷　口舌　舌子　舌条
4049 脖子——颈子　头颈　项颈　颈项　脖梗子
4050 胳臂——胳膊　手膀　手杆　手骨　手臂
4051 腿——腿杆　脚杆　脚

4052 病了——生病了　不舒服了　害病了　不好了
4053 泻——泻肚　拉肚子　拉稀　跑肚　泻肚子　肚痾
　　　　冒肚
4054 发疟子——打摆子　打脾寒　生冷热病　打疟疾
　　　　打半日
4055 死了——故去了　不在了　老了　去世了　过世了
　　　　过辈了

4056 衣服——衣裳　衣　衫
4057 涎布——围嘴儿　围涎　涎兜　领水拍儿　口水肩
4058 尿布——褯子　屎布　屎片　尿衲　片子
4059 肥皂——胰子　洋碱　油皂　番枧
4060 桌子——台子　案子　柏
4061 火柴——洋火　取灯儿　自来火
4062 羹匙——勺儿　调羹（儿）　瓢羹　水勺　匙羹　羹瓢

4063　筷子——箸　箸子　筴　豪竿

4064　自行车——脚踏车　单车　洋车　洋马　线车

4065　伞——雨盖　雨遮　遮　撑子

4066　早饭——朝饭　早起饭　五更饭　早餐　早点

4067　午饭——中饭　晌午（饭）　日昼饭　晏

4068　晚饭——夜饭　黑饭　（河南、陕西有些地区"吃晚饭"说"喝汤"。）

4069　大米饭——白米饭　米饭　饭　干饭

4070　面粉——白面　面　灰面

4071　面条儿——面　长面

4072　粉条儿——粉　粉丝　细粉　干粉

4073　馒头（无馅的）——馍　馍馍　蒸馍　包子

4074　包子（有馅的）——馒头　包

4075　馄饨——抄手儿　包面　清汤

4076　饺子——扁食　（煮）包子

4077　菜（饭菜的菜）——小菜　下饭　餸

4078　醋——酸的　忌讳　酸酒

4079　酱——豉油　青酱　白油

4080　公鸡——雄鸡　鸡公　叫鸡

4081　母鸡——雌鸡　鸡婆　草鸡

4082　乌鸦——老鸹　老鸦　黑老鸦

4083　麻雀——家雀儿　雀儿　小虫儿　老家　老家子（儿）

4084　老鼠——耗子　老虫

4085　苍蝇——蝇子　乌蝇

4086　蚊子——蚊虫　蚊（有的方言，"苍蝇"和"蚊子"都叫"蚊子"，注意怎样区别，比如把"苍蝇"叫做"饭蚊子"之类。）

4087　蜘蛛——蛛蛛　蟢子　结蛛　蟢蟢蛛　蠨蟟
　　　（注意结网的和在墙上爬的有无不同的名称。）

4088　蚯蚓——曲蟮　曲串　鱼虫（儿）　寒蟪　黄犬　曲蛇

4089　蚂蚁——（马）蚍蜉　蚁　蚁羊　米羊　虎蚁

4090　小米（儿）——谷米　粟米　粟谷　粟

4091　玉米——棒子　包米　包谷　珍珠米　六谷　关粟
　　　　　　粟米

4092　高粱——秫子　陶黍　卢稷

4093　大豆——黄豆　豆子　白豆

4094　向日葵——转日莲　葵花　朝阳葵　朝日蒲　望日莲
　　　　　　　朝阳花

4095　洋白菜——包菜　莲花白　卷心菜　包心菜　椰菜

4096　西红柿——番茄　火柿子　洋辣子　洋柿子

4097　茄子——落苏　矮瓜

4098　白薯（甘薯）——红薯　地瓜　山芋　番薯

4099　洋芋（马铃薯）——土豆儿　山药蛋　洋山芋

4100　辣椒——秦椒　辣子　海椒　辣茄

4101　事（儿）——事情　事体　事干

4102　东西——物事　物件

4103　地方——地张儿　场化　落地

4104　时候——时会儿　辰光

4105　味道——味儿（如菜味儿好）　滋味

4106 气儿——味儿（如一股香味儿） 气味
4107 相貌——模样　面貌　面相　长相　样儿　人材
　　　　　眉眼　面嘴
4108 年龄——年纪　岁数　年岁

4109 我——吾
4110 你——侬
4111 他——其　伊　佢　渠
4112 我们——我家　俺
4113 咱们——咱
4114 你们——你家
4115 他们——他家
4116 谁？——谁个？　哪个？　何个？　啥人？　谁人？
　　　　　边个？
4117 什么？——啥？　啥子？　么子？　底？　乜野？
4118 为什么？——为啥？　为啥子？　为哪样？
　　　　　　为啥行当？　做乜？

4119 一位（个，块）客人
4120 一辆（部，张，架，挂）车
4121 一把（张）刀
4122 一管（杆，支）笔
4123 一头（条，只）牛
4124 一条（口）猪
4125 一只（个，块）鸡

4126　今年——真年　本年

4127　明年——萌年　下年　来年　过年

4128　去年——头年　上年　旧年　年时个儿

4129　今日——今天　今儿　今朝　真朝　今儿个

4130　明日——明天　明儿　明朝　萌朝　明儿个　听日

4131　后日——后天　后儿　后儿个

4132　大后日——大后天　大后儿　外后天

4133　昨日——昨天　昨儿　夜儿（个）　昨天头　夜来个

4134　前日——前天　前儿　先日子　前日子

4135　大前日——大前天　大前儿　上前天

4136　上午——前半天（日）　上半天（日）　前晌　头晌午
　　　　　上昼　早半天

4137　下午——后半天　下半天（日）　后晌　过晌午
　　　　　下昼　晚半天

4138　中午——晌午　日昼　晏昼

4139　清晨——早起　清早（儿）　清早起　朝晨　天光
　　　　　晨早　朝早

4140　白天——日里　日间　日里厢　日头

4141　晚上——夜里　夜晚　黑家　黑下　夜晚黑

4142　什么时候？——多会儿？　多咱儿？　多晚儿？
　　　　　乜野时候？

4143　上头——上边　上面　顶上　高头

4144　下头——下边　下面　底下

4145　中间——当间儿　当中　当中间（儿）

4146　里面——里头　里边　里首　里厢

4147 外面——外头 外边 外首 外厢

4148 前面——前头 前边 前首

4149 后面——后头 后边 后首

4150 什么地方？——哪儿？ 啥地方？ 啥场化？ 边处？

4151 吃饭——食饭 鹹（恰）饭 用饭

4152 喝茶——饮茶 吃茶 鹹（恰）茶

4153 谈天儿——聊天儿 唠嗑（儿） 摆龙门阵 谈心
　　　　　 拍话儿

4154 没关系——不要紧 不打紧 不碍 不碍事 百不咱儿

4155 挂念——惦记 结记 惦念 记挂 牵记

4156 美——好看 漂亮 （雪）标致
　　　（指人的貌美，男人和女人有无不同的说法？）

4157 肮脏——脏 龌龊 邋遢 污糟

4158 淡（不咸）——白 甜 口轻

4159 稀（如粥太稀了）——水 薄

4160 稠（如粥太稠了）——糨 厚 干 浓 硬

4161 肥（指动物，如鸡很肥。）——胖 壮 肉

4162 胖（指人）——肥胖 壮 肉

4163 瘦（不胖）——瘵

4164 舒服——美 好受 舒坦 好过 滋润

4165 晚（来晚了）——迟 晏

4166 和（我和他都是湖南人）——跟 同 搭 得

4167 被（茶杯被他打破了）——教 让 给

4168 从（从哪儿来，从今天起）——打 解 由

4169 替（替我写封信）——给 代 帮

4170　拿（拿毛笔写字）——用　使

4171　（这事情）怎么办？——咋儿办？　咋个整？咋整？
　　　　　　　　　　　　　　　　　嚷个搞？　哪样搞？

4172　做什么？——干嘛？　做啥？　做啥子？　治啥？
　　　　　　　　做哪样？

七 37个例句

9001 你姓王,我也姓王,咱们两个都姓王。
9002 老张呢?他正在同一个朋友说着话呢。
9003 他还没有说完吗?还没有。
9004 你到哪儿去?我上街去。
9005 在那儿,不在这儿。
9006 这个大,那个小,这两个哪一个好一点儿呢?
9007 这个比那个好。(这个好过那个。)
9008 这些房子不如那些房子好。
9009 不是那么做,是要这么做的。
9010 用不着那么多,只要这么多。
9011 他今年多大岁数?
9012 大概有三十来岁罢。
9013 这个东西有多重呢?
9014 有五十斤重呢。
9015 拿得动吗?
9016 我拿得动,他拿不动。
9017 你说得很好。
9018 我嘴笨,我说不过他。(我说他不过。)
9019 说了一遍,又说了一遍。
9020 请你再说一遍!
9021 不早了,快去罢!
9022 你先去罢,我们等一会儿再去。
9023 坐着吃比站着吃好些。
9024 这个吃得,那个吃不得。

9025　他吃了饭了，你吃了饭没有呢？
9026　他去过上海，我没有去过。
9027　给我一本书！（把本书我！畀一本书我！）
9028　这是他的书，那一本是他哥哥的。
9029　把那一本拿给我。
9030　看书的看书，看报的看报，写字的写字。
　　　　　（看的看书，看的看报，写的写字。）
9031　好好儿的走！不要跑！
　　　　　（"不要"——"别""白""嫑""不许""不准"等。）
9032　来闻闻这朵花香不香！
9033　香得很，是不是？
9034　不管你去不去，反正我是要去的。
9035　我非去不可。
9036　一边走，一边说。
9037　越走越远，越说越多。

方言调查词汇表*

目 录

壹	天文	644		拾柒	日常生活	704
贰	地理	646		拾捌	交际	706
叁	时令　时间	649		拾玖	商业	708
肆	农事	653		贰拾	文化　教育	713
伍	植物	656		贰拾壹	游戏	716
陆	动物	664		贰拾贰	动作	719
柒	房屋　器具	670		贰拾叁	位置	723
捌	人品	677		贰拾肆	代词等	725
玖	亲属	680		贰拾伍	形容词	727
拾	身体	682		贰拾陆	副词等	729
拾壹	病痛　医疗	686		贰拾柒	次动词等	731
拾贰	衣服穿戴	689		贰拾捌	儿化举例	733
拾叁	饮食	692		贰拾玖	量词	736
拾肆	红白大事	697		叁拾	数字等	741
拾伍	迷信	700		叁拾壹	语法	746
拾陆	讼事	702				

* 本表是语言研究所方言组 1958 年为调查河北省方言而编的。体例及用法请参看《方言调查字表·用法》与本表附录《方言调查词汇手册·说明》(见 563 页)。这里补充两点。(一)相关条目有时并为一行,中间用竖线隔开。如"渔网|撒网|晒网"。(二)条目注释及调查时应注意之点用小字夹注。如"麦芒"条"芒"字后小字夹注"声母",表示请注意"芒"字声母。(该注为《方言》杂志编者所加。《方言》发表时曾节选《关于进一步开展汉语方言调查研究的一些意见》中的几段作为代序。为避免重复,此处删去,详见 758 页全文。)

壹　天文

太阳　日头　热头
　老爷儿　太阳帝儿
太阳地儿 太阳照的地方
　日头地儿
荫凉儿　背阴子　背阴地儿
月亮　月婆　太阴　月光
　月亮帝儿
月亮地儿 月亮照的地方
星　星星
银河　天河
流星　贼星
彗星　扫帚星　帚星
云　云彩
瓦块云　瓦鑪儿云
　鱼鳞甲儿
　　列举各种"云"的名称
大风　狂风
小风　微风
旋风　旋磨风　鬼头风
顶风　枪风　迎风
顺风
刮风　起风　吹风
风停了　风住了　风息了
打雷　响雷　行雷

劈雷　炸雷　霹雳
雷打了　雷劈了　龙抓了
打闪　扯闪　霍闪　闪电
大雨
猛雨　暴雨
小雨
牛毛雨　濛濛雨　毛毛雨
连声调阴雨
雨点儿　雨珠儿　雨点子
下雨了　落雨了　下了
掉点儿了　滴点儿了
雨停了　住了　不下了
淋雨　轮雨
雪花儿
鹅毛雪　鹅翎雪　鹅毛片儿
雪珠儿　雪ᶜ子子
　雪ᶜ子儿　雪豆儿
　雪圪垯儿
下雪　落雪
雪化了　雪融了　雪烊了
冰　冰凌　冰楞
冰锥儿 檐前垂的冰条
　冰条儿　冰凌条儿
冰箸

冻冰　结冰　上冻　　　下雾　下罩子
冰化了　冰融了　　　　虹　蝃蝀　鱟
雹子　雹　冷子　冷弹子　天气　天儿
　冰雹　冰块　　　　　晴天　好天
露　露水　　　　　　　阴天
露水珠儿　　　　　　　日食　天狗吃日
下露　下露水　　　　　月食　天狗吃月
下霜　　　　　　　　　天旱　天干
雾　罩子　　　　　　　涝了　水淹（洎）了

贰 地理

平地　平原　坝子　平川

田地　耕地　地　田
  有些地方，"田"和"地"不
  同，有水的叫"田"，无水的叫
  "地"或"土"

沙土地沙和土混合的地

荒地　荒田

高岗　岗子

丘　土堆

空地　空场

山尖儿　山顶儿　山峰
  山头

山腰　山半腰　山中间

山坡

山根儿　山脚　山脚下
  山麓

山涧　涧　山谷

河岸　河崖儿　河边儿
  河沿儿

堤河岸上的　河堤

坝拦水的，注意堤坝有无分别

河坡　河滩

水坑　水塘　水池

流沙　晃ˀ滩立着愈陷愈深的滩

大水　洪水

水头洪水来时的头　洪峰

泉源　泉　泉眼

旱井　土井

一眼井　一口井

井绳　汲绳

汲水桶　柳·罐

打水　汲水　系水

辘轳

桔槔　轧ˀ杆儿

石头

石块　石头块儿

礓石　料礓

鹅卵石　鹅蛋石

沙　沙·子

沙ˁ子子　沙·子

沙滩　河滩

土坯　土墼　坯　土砖

砖头声调　砖块

瓦块　瓦片儿　瓦碴儿

筒瓦　筒儿瓦

土堆　土堆声母子

土块儿　坷垃"坷垃"声调
  土坷垃

坷垃蛋儿一个~

灰尘　土灰　垳土　尘土
　　如果也说"土",也说"灰",
　　注意分别。有的方言,地上的叫
　　"土",桌上或屋里的叫"灰"。
　　有的方言,堆积的叫"土",飞
　　起来的叫"灰"

石灰　灰　蛎灰
水泥　洋灰　水门汀
泥土　泥巴　烂泥　泥
凉水　冷水　冻水
热水　汤
温水　温和水
开水不是喝的　滚水　滚开水
开水喝的　白开（水）　白茶
屋·笃水不新鲜不能喝的水,有
　　时指温热的水
泔水　潲水　恶水
煤　煤炭　石炭　炭
煤末子　炭面子
煤油　洋油　石油　火油
　　火水
生火　笼火
失火了　着火了　起火了
　　走水了
马口铁　白铁　洋铁

锡　锡镴　镴
水银
磁石　吸铁石
玉　玉石
樟脑　潮脑
樟脑丸　卫生球　臭球
　　臭蛋
硫黄　龙黄
地方　地张儿　场化
　　巴基　落地
城　城市　城池
城墙　城　城基
城河　城壕　护城河
乡村　村庄　屯铺　乡庄
　　农村
乡下　乡里　屯铺里
一村｜一庄｜一营｜一屯
一乡｜一里｜一坳｜一镇
一铺｜一店｜一场｜一墟
　　举本地村镇的名称
菜园　园子　菜园儿
苗圃
（赶）集　场　市　墟　街子
胡同　巷子　巷道　弄堂　弄
　　路　道
走路　走道

大路　大道　　　　　　　　坟茔　坟地
小路　小道　　　　　　　　坟园　坟庄　坟圈子
捷近路　捷径路　捎近路　　坟墓　坟墓　坟山
码头　　　　　　　　　　　"坟"和"墓"有无分别？
渡头　渡口　步口　　　　　坟头儿　坟头　坟顶
关卡　关口　口子　卡子　　碑　石碑　墓碑

叁 时令 时间

今年　本年　真年

去年　上年　年时个儿　头年　旧年

明年　萌年　下年　来年　过年

前年　前年个儿

往年过去的年份　前几年　上年

每年能不能说"每年没有今年这样冷"？　年年

年初　年头

年中

年底　年尾　年终

上半年　前半年

下半年　后半年

春天　春上

夏天

秋天

大秋

秋后　秋收后

冬天

麦天收割麦子的时期　麦秋

麦后麦子收割以后

月初　月头儿

月半　月中

月底　月终　月尾　月末

这个月　本月

上个月　上月

下个月　下月

上半月　前半月

下半月　后半月

上旬初一到初十　上浣　上十天

中旬十一到二十　中浣　中十天

下旬二十一到月底　下浣　下十天

正月农历　元月　一月新历

腊月农历　十二月新历

闰月

五黄六月

十冬腊月　严冬腊月

大尽声调　大建　月大

小尽声调　小建　月小

星期一周之名　礼拜

星期一　礼拜一

星期二　礼拜二

星期日（天）　星期

礼拜日（天）　礼拜

伏天　三伏天

三伏

初伏│中伏│末伏

立春│雨水│惊蛰│春分

清明│谷雨│立夏│小满

芒种│夏至│小暑│大暑

立秋│处暑│白露│秋分

寒露│霜降│立冬│小雪

大雪│冬至│小寒│大寒

除夕_{农历}　三十儿晚上

　　岁除　年三十儿

　　小年日　小年下

<small>除夕白天和晚上有无不同的名称？腊月小尽，二十九那天是不是也叫"年三十儿"？</small>

守岁　熬年儿

元旦（大）年初一

　　正月初一　年下　新年

拜年　叩节

元宵节　灯节　正月十五

　　小年

元宵　汤圆儿　糖圆儿

　　汤团　汤丸

端阳　端午　五月端午儿

　　五月节

粽声韵母子

七月七

牛郎│织女

七月十五　中元节

中秋　八月十五　八月十六

　八月中秋　八月节

兔儿爷

月饼

祭月　拜月　供月儿

男不供月儿，女不祭灶

重阳　九月九　登高节

腊八_{腊月初八}

腊八粥

祭灶（神）是腊月廿三，还是
　廿四？　送灶

请灶王爷_{买灶神像}

历书　皇历　历头

时候　时会儿　辰光

今日　今天　今儿　今朝

明日　明天　明儿　明朝

后天　后日　后儿

大后天　大后儿　外后天

　大后日

昨日　昨天　夜儿（个）

　昨儿

前日　前天　前儿

大前日　大前天　大前儿
　上前天
上午　上半天　前半天
　前(半)晌
下午　下半天　后半天
　后(半)晌
半天　一晌
大半天|小半天
半晌
清晨　早起　早晨　清早儿
　清晨起　朝晨　清早
大清早(儿)　大早起
　大早晨
中午　晌午　正午　日昼
小晌午 近中午时间
白天　白儿　日里　日间
　日里厢
傍晚儿　擦黑儿　压黑儿
　黄昏
摸黑儿 夜里走路
夜晚　黑·下　黑·家
　黑老
夜里　晚上　夜里厢
上半夜　前半夜
下半夜　后半夜
打更了　起更了

一更|二更|三更|
　四更|五更
半夜|大半夜|小半夜
三更半夜　半夜三更
　半夜二更半　黑更半夜
三更鼓儿|五更鼓儿
半夜子时
日出卯时
正当午时
年景　年成
年景不好　年成不好
　有的方言说"年成"或"大年
　成"即指年景不好
年月儿　年头儿
日·子 指每日生活，生计，例如：
　"过~","他家~好"
日·子 指日期，例如："好~","黄
　道~"
每天　每天每
见天　见天见
通夜　亘夜　整夜　通宵
　通宿 [ˊɕiou]　整宿
整天　成天　一天到晚
整年　成年　一年到头儿
一年|两年|二年|年把
年把两年　年把二年

一两年　一二年
十年来比十年多还是少？
十几年　十多年　十来多年
多年　很多年　好多年
一个月|两个月|个把月
个把两个月　一个俩月
　　一两个月
十个多月比十个月多
十个来月不到十个月
十来个月比十个月多还是少？
十几个月　十多个月

好几个月　很有几个月
几月？正月，二月，三月
几个月？一个月，两个月
一天|两天|天把
天把两天　一两天
十来天比十天多还是少？
十几天　十多天　十来多天
多天　很多天　好多天
什么时候　多会儿
　多咱儿　多晚儿

肆　农事

场院　场　麦场
　谷场
柴火秫　柴积　柴堆
苫·子盖柴火秫的草垫子
粪坑　粪窖
攒粪　沤粪　积肥
拾粪　捡粪
上粪　施肥
牛车　大车
马车　骡车
趟子车搭客拉短趟的车
独轮车人推的　小车　土车
排子车人拉的
自行车　脚踏车　洋马
　洋驴　单车
三大套三个牲口拉的
四大套四个牲口拉的
套车把牲口驾到车上
装车把东西搬上车
卸车把车上的东西搬下来
车厢
车辕
车轮（儿）车毂辘儿
　轮子　毂辘　轮盘

辐条
轴　车轴
车篷
扬门（子）
车把
车尾 [i] 巴
车铜轴上嵌的铁块
车辖
牛轭
夹脖儿
辔头
缰绳　纼子 [tʂən ·tsɿ]
拉套　出梢　拉梢
套绳　梢绳
嚼环　嚼子
鞦绳　坐鞦
　　补充车上名称并注明位置
笼头
揞 [an] 眼牲口拉磨时戴的蔽眼物
马掌　马蹄铁
钉掌　打掌
杈　木杈
牛笼嘴　牛榍
牛鼻桊儿

拖车 拉农具的车　拖ᵊ子　　　　收秋
步犁　犁杖　　　　　　　　　早秋
犁辕　　　　　　　　　　　　晚秋
犁柄　犁ᶜ把　　　　　　　　风车
犁面　犁耳　　　　　　　　　碌碡　石滚　碾子
铧　鑱头　　　　　　　　　　"碌碡"和"碾子"有无分别？
　　补充犁上名称并注明位置　　碾ᵊ·道
耠子—一种农具，如犁无"耳"　连耞
耙ᵊ　汤耙ᵊ　　　　　　　　　碓房
盖 如耙而无齿，多用荆条作　　碓　碓子　碓窝　稻臼
　　耢ᵊ　　　　　　　　　　　碓杵　稻臼头
麦茬 收过麦子的地　　　　　　钉耙　耙子　老虎ᶜ抓子
豆茬 收过豆子的地　　　　　　镐　镐头　镢头
麦茬儿 麦子割后留的近根部分　锄头　锄
保墒 保持土的湿度　　　　　　锄草　锄地 锄地里的草
抢墒 趁土湿种地　　　　　　　锄麦子 锄麦子地的草
种麦　耩麦　耩地　　　　　　锄豆子 锄豆子地的草
耧　　　　　　　　　　　　　薅草
锄麦　锄地　　　　　　　　　薅豌豆 薅豌豆地的草
割麦　收麦　　　　　　　　　铡刀　铡
打麦　打ᶜ场　　　　　　　　 铡草
扬麦　扬ᶜ场　　　　　　　　 镰刀　镰
粮仓　仓　谷仓　　　　　　　砍刀　柴刀
苆子　趈子 [ᶜcye ·ts] 尖团音　锛子　锛
囤　　篅 音船，似囤　　　　　木杴
种秋　　　　　　　　　　　　铁杴　铁锹

撮箕　筲箕
簸箕　畚箕　粪箕　畚斗
苧箩　筐箩　簸箩
筐子　篮子
小筐儿　小篮儿
箩筐　箩头　挑筐
扁担
挑"挑子"　ᴄ担"担ᴾ子"
扫ᴾ帚大的　扫ᴾ巴　扫ᴾ竹
笤音条帚小的　扫ᴾ巴
鸡毛掸子　毛帚
桩子　木桩
扎（劄）个桩子　打个桩子
　栽个桩子
橛子　木橛子
榫音笋子　榫儿

榫头|榫眼　卯眼
接骨斗榫儿
铁ᴄ钉儿　ᴄ钉子
用ᴄ钉子钉ᴾ
铰链　合叶
钳子　夹钳
镊子
槌子　狼头　钉槌
绳子　索子　索
拴着　绑着　捆着
（打）活结　活扣儿
　活襻儿 [kʻuərᴾ]
　活纥縫
（打）死结　死扣儿
　死襻儿　死纥縫

伍　植物

庄稼

粮食

五谷

杂粮

小麦　麦子　麦

大麦

青稞（麦）

　　列举本地各种麦子的名称

麦芒声母儿

麦穗儿

麦梃儿　麦秸梃儿

荞麦

荞麦皮儿

油荞　油麦

燕麦

稻　稻子　谷子有些地区说

　　"谷子"是"小米"未脱谷者

米　大米

小米儿　米　谷米　粟米

　　谷子　粟谷

玉米　棒子　包米　玉蜀黍

　　包谷　六谷　关粟

　　珍珠米

秕谷有壳无实的谷

秕谷皮儿

稗子 [pai²·tsɿ]

莠子　谷莠子　狗尾巴草

粳米

糯米　江米

高粱　秫子　陶秫　卢穄

高粱秆　秫秸　陶秫秆

穈（穈）子　穄子

　　"穄子"和"穈子"同不同？

脂麻

脂麻秆　脂麻秸

黄豆　大豆　豆子　白豆

绿豆

黑豆

红小豆儿作包子馅的

豌豆　细细豆

豌豆苗　豌豆颠儿

豇豆　爬豆

旅（穞）生豆儿自生豆

　　旅豆儿

扁豆　四季豆

蚕豆　胡豆　佛豆

牙豆蚕豆剥皮

　　列举本地各种豆子的名称

白薯　红薯　地瓜　山芋
　苕　山药　番薯

马铃薯　洋芋　土豆儿
　山药蛋　洋番薯
　洋山芋

芋头　芋艿

慈姑

山药　薯蓣　薯药

藕　莲菜　藕棍　莲藕

莲子

莲蓬

茄子　落苏

黄瓜

菜瓜　梢瓜　苏瓜

丝瓜

绞瓜

笋瓜

苦瓜

倭瓜　蒲瓜　北瓜

南瓜　金瓜 注意"南瓜"和
"北瓜"有无分别?

西葫芦

葫芦

瓠子　瓠瓜

葱　大葱

葱叶

葱白儿

洋葱　葱头　洋葱头

蒜　大蒜　蒜头　蒜瓣儿

蒜薹　蒜苗

青蒜　蒜苗

蒜黄

韭菜

韭黄　韭菜芽　韭芽

韭菜花儿　韭花儿

苋菜

白苋菜

红苋菜　紫苋菜

西红柿　火柿子　番茄
　洋辣子　洋柿子

姜　生姜

洋姜　鬼子姜

辣椒　秦声调椒　辣子
　海椒　辣茄

芥末　芥面

盖蓝菜　芥蓝菜

菠菜　菠棱菜

白菜

乌白菜　黑白菜

洋白菜　包菜　莲花白
　包心菜　卷心菜

小白菜儿

飘儿菜

莴笋　莴苣　笋

生菜莴笋的叶

君达菜

芹菜

芫介音荽　香菜　胡荽

茼蒿

萝卜

萝卜糠了　虚了

萝卜缨儿

萝卜干儿

胡萝卜是否也叫"红萝卜"？

蔓菁　芜菁　大头芥

苤蓝 [ᶜp'ie ₍lan]

　　撇·拉 [ᶜp'ie ·la]

茭白　茭瓜　茭儿菜　茭笋

油菜　芸苔菜

油菜台

菜子

荠菜　荠荠儿菜

面条儿菜

灰灰菜　灰涤菜　灰菜

扫帚苗儿　扫帚菜

刺儿菜　妻妻菜

蒿子　野蒿

白蒿

向日葵　朝阳葵　望日莲

　　葵花　转ᵊ日莲　朝日蒲

葵花子儿

棉音花　花

棉花桃儿　棉桃儿

大麻　麻

大·麻ᶜ子　蓖麻

　　蓖麻ᶜ子

麻秆声调

苧麻　麻

苧麻线

蒜麻 [ᶜtɕ'iŋ ₍ma]　蒜

树林　树林子　树木

一棵（树）　一株（树）

　　一窝（树）

树苗　树秧

树干　树梃

树梢　树顶

树根　树本

树叶　叶儿

树皮

树枝　枝子　树枝子

树杈ᵊ　杈ᵊ儿　枝

树榾柮 / 古·董儿树干或粗树
　　枝截成的段子

　　木头　₍榖铲儿

方言调查词汇表·伍 植物

木·头　木·石	柏树　柏木
种树　植树　栽树	椿树单说是否指"臭椿"?
放树把树放倒	臭椿（树）
花草	香椿（树）
（采）一朵花儿	香椿香椿树的嫩叶，可食
（种）一棵花儿	楸树　楸木
花骨朵	榆树　榆木
花瓣儿	榆钱儿
花蕊　花心儿	椴树　椴木
种花儿　栽花儿	枣树　枣木
浇花儿	枣儿
薅草　拔草	枣核儿
铲草　锄草	酸枣儿（树）
果树　果木树	酸枣儿
水果　果子　鲜果	黑枣儿
干果	桑树　桑木
松树　松木	桑叶
"一树、一木"有无植物、木料之别？	桑椹儿"椹儿"声母
	杨树　杨木
松子　松仁儿　松子仁儿	白杨（树）
松球	杨柳　梁柳
松针	垂杨
马尾松	柳树　柳木
杉树　杉木粗的　沙木	柳枝儿
杉篙细的　沙篙	柳叶儿
水杉　紫杉	柳絮　杨花　柳毛儿

柳条儿
柽柳　观音柳　三春柳
　赤杨　赤柽
牡荆
紫荆
荆条
楝（练）树
楝子
槐树
槐花儿
构（榖）树
桐树
油桐　冈桐
桐油
梧桐（树）　青桐（树）
梧桐ᶜ子
马缨　绒花（树）
夜合　合欢　合昏
藤萝　葛·花
皂角树
皂角　皂荚
橡栗（栎）　橡树　柞树
　　橡和柞有无分别?
橡实　橡ᶜ子　麻栎果
橡壳儿橡实的壳儿，可染布
枫树

乌桕树
相思树　红豆（树）
红豆　相思ᶜ子
桃儿（树）　桃（树）
桃儿　桃子　桃
杏树
杏儿　杏子
巴旦杏　八达杏
李子（树）　灰子（树）
李子　灰子
梨（树）
梨
鸭儿梨
蜜梨
白梨
杜梨儿
樱桃（树）
樱桃儿
枇杷树
枇杷
柿子（树）　柿树
柿子
柿饼儿　柿饼　青饼
柿霜
石榴（树）
石榴花儿

石榴　　　　　　　　　　　老头儿乐甜瓜之一种
柚子　文旦　 ͜栾　　　　　　老头儿美　面猴儿
佛手　　　　　　　　　　　荸荠　马蹄　地梨
香橼　　　　　　　　　　　甘蔗　糖梗
橘子　　　　　　　　　　　落花生　花生　地豆
金橘　　　　　　　　　　　人参果　果子
橙 韵母子　　　　　　　　菱角
蜜柑　　　　　　　　　　　芡实　老鸡头　鸡头菱
木瓜　　　　　　　　　　　竹子
桂圆儿　龙眼　　　　　　　竹笋　笋
荔枝　　　　　　　　　　　冬笋
橄榄　青果　　　　　　　　春笋
白果儿　　　　　　　　　　笋皮（箨）　笋壳
栗子（树）　栗树　　　　　笋鞭竹子地下茎
栗子　毛栗子　板栗　　　　竹竿儿　竹竿子
核桃　胡桃　蒲桃　　　　　竹叶儿
榛子　　　　　　　　　　　竹批儿
榧子　　　　　　　　　　　牡丹列举种类，下同
西瓜　瓜　　　　　　　　　芍药
肉瓤　　　　　　　　　　　玫瑰
沙瓤　　　　　　　　　　　蔷薇
三白瓜白皮白瓤白子　　　　月季花　月月儿红
瓜 ͑子儿　　　　　　　　　海棠
嗑瓜子儿　　　　　　　　　桂花　木樨
打瓜比西瓜小　　　　　　　夹竹桃
甜瓜　香瓜儿　　　　　　　栀子（树）

栀子花儿 　　　　　　　　杜鹃（花）　映山红
栀兰花儿 　　　　　　　　芙蓉（花）
迎春（花）　　　　　　　菖蒲
凌霄（花）　　　　　　　菖蒲莲　扁竹
金银花儿 　　　　　　　　万年青
菊花 　　　　　　　　　　冬青
梅花 　　　　　　　　　　龙舌
腊梅 　　　　　　　　　　仙人掌
刺梅 　　　　　　　　　　仙人瓜
珍珠梅 　　　　　　　　　瓦松
榆叶儿梅 　　　　　　　　蒺藜
雁来红　老来少　　　　　蒺藜狗子 刺人的果
美人蕉 　　　　　　　　　马·兰
晚香玉　月下香　　　　　蒲公英　黄黄苗
夜来香 　　　　　　　　　车前草　辙里儿草
兰草　兰花　　　　　　　　　车里儿草
西番莲　大丽花　洋菊花　苍耳子　胡胡苍子
玉簪花 　　　　　　　　　三叶草　金花菜
绣球花 　　　　　　　　　苜蓿
蝴蝶花儿 　　　　　　　　马尾音草　马尾音巴草
凤仙花儿　指甲花儿　　　含羞草　指羞草
　指甲草儿　　　　　　　错草　接骨草　木贼　通草
鸡冠花儿 　　　　　　　　巴茅　芦苇　苇子
荷花　莲花　　　　　　　浮萍　萍草
水仙（花）　　　　　　　艾　蒲艾
茉莉花儿 　　　　　　　　香菌　香蕈　菌子　香菇

蘑菇　　　　　　　青苔
冬菇　　　　　　　墙衣墙上青苔
狗尿台　鬼笔

陆　动物

畜牲

牲口　头夫　头口
  注意表示动物性别的现成说法

公马　儿马

母马　课马　草马

骟马

马驹子　马驹　小马

公牛　牤牛　牛牤　老犍
  牤声调牛　牤子

母牛　牸 [ˊzun] 牛　牸牛

黄牛　旱牛

水牛

牛犊子　小牛
  黄牤头小雄牛

牛角　犄角

驴　驴子

公驴　叫驴

母驴　草驴

驴驹子　小驴儿

骡子

儿骡子

课骡子

驴骡马父驴母　马骡驴父马母

骆驼

绵羊

山羊　骨驴儿

羯骨驴儿公山羊

公羊　羯子

母羊　水羊

羊羔　小羊　羊羖头

狗　狗子

公狗　牙狗　郎狗　雄狗

母狗　草狗　狗种　狗娘

小狗儿　狗娃儿

巴儿狗　哈巴狗儿　哈巴儿

疯狗　癫狗

狗疯了　癫了

猫　猫儿　猫娃儿

郎猫　公猫　牤猫

女猫　牸猫　母猫

公猪　牙猪　郎猪　豮猪

种猪　猪雄专供交配用的公猪

母猪　草猪　猪种　猪娘

猪崽　猪娃　小猪

猪鬃

尾巴　以巴　野巴　米巴

鸡　鸡·子　鸡儿

公鸡　雄鸡　鸡公

方言调查词汇表·陆　动物

母鸡　草鸡　鸡婆　鸡娘　　　虫豸
　　注意已阉割家畜的名称　　　狮子
镟音线鸡　骟鸡　阉鸡　　　　老虎　虎　大虫　山神爷
鸡蛋　鸡子儿　　　　　　　　　野猫
下蛋　媪音贩蛋　　　　　　　　母老虎喻妇人凶恶者　雌老虎
孵小鸡儿　菢小鸡儿　　　　　狼　野狗　豺狗
菢窝鸡孵小鸡的母鸡　　　　　猴子　猴儿　猴三儿
鸡雏　鸡娃儿　小鸡儿　　　　　猴狲　胡狲　活狲
　鸡黄　　　　　　　　　　　　熊　人熊　狗熊　狗驼子
鸡冠儿　　　　　　　　　　　　狗黑子
鸡爪子　　　　　　　　　　　耍狗熊　玩狗黑子
鸭　鸭子　　　　　　　　　　猪獾（子）
鸭蛋　鸭ᶜ子儿　　　　　　　狗獾（子）
打鸭子上架　　　　　　　　　豹　豹子
鹰嘴鸭爪子喻人欲望大，能力小　金钱豹
公鸭　公鸭子　　　　　　　　土豹子
母鸭　母鸭子　　　　　　　　狐狸　狐·子
小鸭儿　鸭ᶜ儿　鸭黄　　　　黄鼠狼　黄狼
　鸭娃儿　　　　　　　　　　兔儿　兔子　豁嘴子
鹅　家鹅　栏鹅　　　　　　　　山猫　野猫
小鹅儿　鹅娃儿　　　　　　　家兔儿
　　注意阉割各种家畜所用的不同字眼　　兔儿爷小儿玩具
劁 [ˌtɕʻiau] 猪　　　　　　　老鼠　耗子　老虫
骟狗｜骟马　　　　　　　　　地老鼠　土老鼠
镟鸡动宾　镟鸡　骟鸡　　　　刺猬　猬鼠
野兽　　　　　　　　　　　　蛇　长虫

蟒　蟒蛇　　　　　　　　猫儿头
乌·梢（蛇）　　　　　　鹦鹉　鹦哥
鸟儿飞禽统称　虫蚁儿　　八哥儿　八八儿
鸟毛　虫蚁儿毛　　　　　仙鹤　白鹤
翎　翎儿　　　　　　　　鹭鸶　老等
翅膀　　　　　　　　　　老雕
爪子　　　　　　　　　　鹞子
脯子　　　　　　　　　　鹰捉兔子的
嘴　　　　　　　　　　　老鹰天空盘旋的
尾音·巴　　　　　　　　水鸭　水鸭子　野鸭子
乌鸦　老鸦　老鸹　　　　鸳鸯
老鸹窝乌鸦巢　　　　　　百灵鸟　百灵
臭嘴老鸹　　　　　　　　画眉　画眉儿
喜鹊　马尾音·鹊　野鹊　野鸡　雉鸡
麻雀　家雀儿　老家·子　孔雀
　小虫儿　雀儿　黄头雀　鸬鹚　鱼鹰（子）　水老鸹
　黄雀儿　　　　　　　　鱼狗　翠鸟　翡翠
燕子　小燕子　小燕儿　　蝙蝠　夜蝙蝠　檐老鼠
雁　大雁　雁鹅　　　　　　檐·末虎　夜ᴄ游
斑鸠　　　　　　　　　　蚕　蚕·子
鸽子　鹁鸽　　　　　　　柞蚕
鹌鹑　　　　　　　　　　蚕子蚕卵
鹧鸪　　　　　　　　　　蚕ᴄ蚁儿才孵化出来的蚕，如蚂
啄木鸟　刀木官儿　　　　　蚁状
　锛得木　刀树虫　　　　蚕蛾　蛾儿
猫头鹰　夜猫子（儿）　　蚕蛹儿　蛹儿

蚕帘　蚕箔　　　　　　蜈蚣

蚕眠了　　　　　　　　蚰蜒

头眠　二眠　三眠　　　蝎子　蝎子妈喻人之凶恶者

蚕蔟　　　　　　　　　蝎子尾巴　蝎子钩子

上蔟儿　上山　　　　　　蝎子屡儿音"笃儿"

吐丝　　　　　　　　　（蝎子）蜇人　锥人

结茧　　　　　　　　　壁虎　蝎虎　蝎拉虎子

蚕沙　蚕屎　　　　　　毛虫　毛毛虫　毛辣子

蜘蛛　蛛蛛　结蛛　　　　杨瘌子

　蟢蟢蛛　　　　　　　尺蠖　屈伸虫儿

　结网的和墙上的有无不同名称？　黄虫西瓜秧上的虫

蟢子　七星蛛蛛　土蛛蛛　地蛆西瓜或白薯地生的

蚂蚁　蚍蜉　马蚍蜉　　盖子虫儿麦米中小黑虫

　火姆 [ᶜm]　米羊　　　（米）羊　牛音·子

蝼蛄　拉拉蛄　土狗　　麦牛·子

　地狗　　　　　　　　肉虫米里生的白色虫

土鳖　地鳖　土王八　　蚜虫　腻虫

　簸箕虫　　　　　　　豆虫豆子上的绿虫　豆蚕

蚯蚓　曲串　曲蟮　寒蠦　苍蝇　蝇子

　饸饹条儿　　　　　　绿豆蝇　青豆蝇

蜗牛　水牛儿"牛儿"声调　麻·子苍蝇

　地ᶜ牤牛儿　　　　　　蚊子　蚊虫

蜣螂　屎壳郎　推屎壳郎　（蚊子）咬人　叮人

　推屎拱·拱　　　　　跟头虫儿蚊子幼虫　孑孓

磕头虫　叩头虫儿　　　百声调蛉子

钱串子　钱龙　百足　　虱子　虱　老白虱

虮子　虱虮　　　　　　　黄腊
臭虫　臭虮　壁虮　　　　萤火虫　明火虫儿
跳蚤　屹蚤　　　　　　　臭板虫儿　臭大姐　放屁虫
鸡虮（·子）鸡末子　　　灯蛾　扑灯蛾　托灯婆
狗虮（·子）狗鳖子　　　谷蛾儿
　狗豆子　　　　　　　　蝴蝶　胡帖儿
狗蝇　狗蝇子　　　　　　蜻蜓　虹虹　蚂螂
牛虻　　　　　　　　　　　老琉·璃
蠓虫儿醋缸上的　　　　　　　花大姐学名"瓢虫"　花姑娘
蟋蟀　蛐蛐尖团音儿　　　　　天牛儿
　促织儿　油·葫芦　　　椿牛儿椿树上生的虫　椿象
　二尾儿公的　三尾儿母的　鲤鱼
蝗虫　蚂蚱　蚱蜢　　　　青鱼
蝈蝈儿　油·子　　　　　鲫鱼
螳螂　刀螂（·子）　　　梭鱼
蝉　知了儿（马）即了儿　刀鱼
　即鸟儿　桑ᴄ也　　　　大头鱼　海鲫鱼
蝉蜕　知了儿壳儿　　　　黄花儿鱼　黄鱼
石ᴄ猴儿蝉幼虫　　　　　比目鱼　鳎目鱼　板鱼
伏天儿　伏凉儿蝉之小者　鳜音桂鱼
蜜蜂　　　　　　　　　　带鱼
马蜂　麻蜂　黄蜂　土蜂　鲢鱼　鲢·子
　胡蜂　　　　　　　　　鲥鱼
（马蜂）蜇人　锥人　刺人　鲇鱼　棉鱼
蜂窝　蜂窠　　　　　　　白鲦鱼
蜂蜜　蜂糖　蜜　　　　　黑鱼　乌鱼

乌贼鱼　墨鱼
鱿音油鱼　柔鱼
胖头鱼　胖鱼
金鱼　金鱼儿
鱼鳞　鳞甲　鱼甲
鱼刺　鱼骨头
（鱼）鳔儿　鱼尿音虽脬
鱼鳔　鳔胶　鱼胶
分・水鱼两旁之翅　鳍
脊翅　脊刺
鱼鳃
鱼ᶜ子
鱼苗儿　鱼花
鱼秧子鱼苗稍大的
钓鱼
钓鱼竿儿　钓竿
钓鱼钩儿　钓钩儿　鱼钩儿
浮・子　飘儿
鱼ᶜ篓儿
渔网｜撒网｜晒网
打鱼三天~，两天晒网
虾　马虾　虾・米
青虾
对虾　大虾

虾仁儿鲜的
虾米干的　海米　开洋
虾子
乌龟　龟音"归"或"阄"
鳖　甲声调鱼　忘音八
　　老鼋
泥鳅　鱼鳅
鳝鱼　黄鳝
鳗鱼　白鳝　鳗鲡
螃蟹调查各种蟹的名称
蟹黄　蟹膏
青蛙　田鸡　蛤蟆
蝌蚪　蛤蟆骨朵
蟾蜍　疥哈子　癞・肚
　　癞蛤蟆
黄刺公儿
水蛭　马蟥　马鳖　胡ᶜ蚓
　　马时
水马儿水面上走的长腿虫
　　水爬虫　卖油的
蛤蜊　蛤・拉
螺蛳声母
蛏子鲜的、干的
江瑶柱　干贝

柒　房屋　器具

住宅　宅子　　　　　　　　　客厅　客房　客屋
房子全所　房　屋　　　　　　倒ʾ厅　倒ʾ坐儿　对厅
三合儿　三合头儿　　　　　　厕所　茅厕　茅房　后园儿
四合儿　四合头儿　　　　　　磨ʾ房　磨道儿
院子　院儿　天井　　　　　　磨ʾ管儿磨面的人
两进（院子）两层　两透　　　磨ʾ　碾ʾ（碇）
三进（院子）三层　三透　　　磨ʾ盘
过道　夹道儿　　　　　　　　磨ʾ脐儿
甬路　甬道　　　　　　　　　筛面柜　面柜
影壁　影背墙　影背　　　　　筛箩　箩
院墙　围墙　　　　　　　　　牛屋　牛房　牛栏　牛棚
篱笆　篱笆障儿　笆篱　　　　　牛圈ʾ
沟眼墙根上开的水道　　　　　　牛槽　牛食槽　槽
　水道眼儿　狗道眼儿　　　　牛板儿看牛人　掌鞭的
屋子单间　房间　　　　　　　　牛把式
进深前后墙距离　入深　屋深　马屋　马房　马棚　马号
面宽一间房的横宽度　　　　　　马圈ʾ
外（头）屋　外间　当·堂　　马槽　马食槽　槽
里（头）屋　里间　房屋儿　　马夫　马板儿　号头儿
正房　上房　堂屋　神厅　　　猪圈ʾ　猪栏
厢房　偏房　横屋　　　　　　猪槽　猪食槽
东（厢）房　东屋　　　　　　猪食　猪潲
西（厢）房　西屋　　　　　　羊圈ʾ　羊棚
卧房　睡房　　　　　　　　　牧童　放羊的　牵牛细

狗窝
狗食盆
鸡笼 上宿处
鸡窝 下蛋处
大门　正门　前门儿
大门外头　门儿上
　　有的地区，大门前面一带，叫"门儿上"，与"门·上"不同
角门　小门儿　边门儿
后门儿
门坎儿　门限　地伏　门槛
门后　门儿后
门了吊儿　了吊儿　搭扣儿
屈戌儿　屈屈儿　门鼻儿
门栓　门插关儿
锁　锁·头
钥匙　锁匙
房脊　屋脊　房顶（儿）
房坡
房檐儿　屋檐儿
山墙
前墙｜后墙　后檐墙
梁　柁　房梁　房柁
大梁　大柁｜二梁　二柁
檩　房檩　檩子　脊檩
椽子　桷子

柱子
柱础　柱顶石　磉础
台阶儿　阶台儿　台级
顶棚　天花板
楼房
楼上　楼顶｜楼下　楼底
楼门儿
楼梯　扶梯　胡梯
扶手儿
窗户　窗子　窗　阆门
窗帘儿
窗台儿
阳台　晒台　凉台　平台
隔·扇　隔·断
床铺　床　铺 有的方言床架子叫床，铺上被褥叫铺
床头儿
床底　床底下
床边儿　床沿儿　床帮儿
炕　土炕
热炕　暖炕
炕沿儿　炕边儿
棕 绷子一种卧具　棕拍子
铺床　铺炕
上床　上炕
帐子　蚊帐　蚊帐子

帐钩子

帐簷儿　帐沿ʔ儿

毡子　毡

毯子

被·卧　被子　被　盖地

被窝儿 叠成的被筒

被箍儿　（被）当ʔ头儿

被里（儿）｜被面（儿）

棉絮　被套　套子

被单　被单子

床单　铺单　褥单　衬单

褥子　褥垫　铺底

草垫子　稿荐

凉席　席

枕头

枕头席儿｜枕头笼布　枕巾

枕套儿　枕头套儿

枕头心儿　枕头瓤儿

夜壶　便壶　尿壶

马桶　恭桶　尿罐儿

手炉 手提的火炉　火罐儿

热水袋　暖水袋

汤婆子　汤瓶

熨斗　熨头　烙铁

暖水瓶　暖瓶　暖壶　电罐

暖壶 一种铜或瓷茶壶，放在木桶

内，外裹棉絮保暖　包壶

水壶　茶壶

脸盆　洗脸盆　面桶

脸盆架　洗脸架

洗脸水　脸水　面汤水

沃面水

胰子　香皂

肥皂　洋碱　油皂

毛巾　洗脸手巾　手巾

　面巾　帕子　脸布

澡盆　洗澡盆　浴桶

脚盆　洗脚盆　脚桶

擦脚布　脚布

柜子｜衣柜

竖柜　立柜

睡柜　歇柜　躺箱

被袋　被褡子　褥套

　褥褡　行李袋

箱子｜衣箱｜皮箱

手提箱儿　小箱儿

皮包　手提包　提包

衣架

桌子　桌儿　台子　案子

方桌｜圆桌

桌布　台布　铺桌布

桌裙　桌围子　桌衣

抽屉　柜桶　屉子
条案　条几　条桌
茶几儿　茶桌儿
椅子
椅衣
椅子背儿　靠背
椅子肘儿　扶·手
椅子掌ʔ儿
板凳
凳子　杌子　杌凳　马杌
　杌凳儿　方凳儿
马闸儿 [꜀tʂar]
草墩儿
蒲团
洋腊　洋烛　腊烛
油灯　菜油灯
灯台　灯座儿
灯草
拨灯棍儿　灯桥
洋灯　洋油灯
灯心儿　灯捻儿
灯罩儿
灯笼　灯篓　气死风
厨房　火房　灶屋　厨屋
　灶火　镬灶间
灶　炉灶　锅头　灶火

锅台　灶台
锅道烧火处　锅地道　锅地
烫罐　热水罐　唐罐
锅烟子锅底上的黑灰　烟子
烟囱　烟筒　冒烟洞
饭锅
大锅　蒸锅
锅盖
锅圈儿竹草编成垫锅底的
炉子
炉门儿
炉台子
炉条　箅子
盖·火　火盖　火镲
通·条　通火棍
烧火棍　火桥
火钳　火剪
火筷子
火铲　煤铲儿　火杴
风箱　风匣
拉风箱　搧风箱
笊篱
筛子
浅儿一种盛东西的用具
　竹浅儿
炊帚　锅刷子　筅帚

刷帚
锅铲　铲子
瓢　水瓢　水舀子　舀子
饭碗
木碗儿小孩儿用的
茶碗　茶盃　茶盅
海碗｜大碗｜小碗儿
茶缸子
茶托儿　托子　托碟儿
盖碗儿
酒杯　酒盅
锔・子锔碗用的两脚钉
盘子　冰盘大盘子
饭盘子　饭盘
盆子｜面盆｜菜盆｜木盆
瓶子　瓶儿
瓶塞儿　瓶卓儿
玻璃瓶儿（洋）掬子
罐子
醋罈子　醋缸
酒壶　酒瓶儿
碟子　碟儿
勺子｜木勺子｜饭勺儿｜
　　汤勺儿｜漏勺儿
羹匙　勺儿　调羹儿
　　瓢羹　水勺

筷子　箸　豪竿
筷笼　箸笼
碗橱　碗柜
麻布　抹布　揿布　搪布
　　揩桌（台）布
墩布　拖布　拖帚　洗巴
　　地刷子
礤声调床　菜擦子
菜刀　切刀
蒜臼子　擂臼
蒜杵　擂臼槌儿
捣蒜　摧（敲）蒜
肉墩子　砧板　案板
水桶　水筲　筲桶
扁担
井绳　汲绳
饭桶
蒸笼　笼屉
箅²子　笼屉　屉子
水缸　缸
泔水缸　潲水缸　恶水缸
柴　柴火
麦秸
秫・秸　高粱秆儿
豆秆　豆秸
稻秆

芝麻秸儿　芝麻秆
劈柴作燃料用。"劈"字是否与单
　言"劈"同调？　柴爿
刨花儿　木丝
火柴　洋火　自来火
　取灯儿
糨糊　糨子　浆糊
闷葫芦罐儿　闷葫芦
　闷罐儿　扑满
喷壶浇花用的
纺车　纺花车　摇车
弹花弓
弹花槌
弹棉花
（活）苲·篮儿盛针线的
　苲·罗　筐箩
顶针儿　针箍儿
线陀螺儿线绕在轴上打转儿
线轴儿　线毂辘儿
绣花针　扎花儿针
缝衣针
纳鞋针　水针
针尖儿
针鼻儿
针·脚
穿针　纫针

锥子
铺·衬
隔·褙
补靪打个~
洗衣板儿　搓板　糙ᵖ板
　擦板　钱板儿
棒槌洗衣服用的杵　练槌
槌石槌衣服用的砧石
晒绳晒衣服用的绳子
伞　撑子　雨盖　雨遮
图章　戳子　印鉴　印章
晒（一）晒把衣服搭起来~
　晾（一）晾
洗一水一次
洗两水两次
投·投洗过之后再投一投
　涮·涮
灰·水柴灰滤水而成，洗衣用
淋ᵖ灰水
糨ᵖ衣服　浆衣服
熨（熁）衣服　烫衣服
做衣服　缝衣服
剪　裁
剪子
尺　裁尺
量衣服　量大小　量身材

打粉线　绷 [₋pəŋ] 灰线

敹（缭）贴边

₋缏缝儿

缲 [₋tɕ'iau] 边儿

攃 [tʂai⁻] 一条绫子

鞔 [₋man] 鞋帮儿

垫（填）鞋底子

纳鞋底子

钉扣子

绣花儿

打补靪

作被卧　缝被卧

⁻繈　绗 [₋xaŋ] 长线直缝，大针脚

装⁻把棉絮放被卧里　套

东西　物事　物件

捌　人品

男人　男的　男子汉

　男人家　爷们　老爷们儿

女人　女的　娘儿们

　妇人　妇道人家　内人家

小孩儿（子）　小娃儿（子）

　小囡（团）　细牙儿（子）

宝贝儿婴儿的爱称　小宝贝儿

男孩儿（子）　小子

　男娃子　小伙子　细老

女孩儿（子）　小姑娘

　小妮儿（子）　小妞儿

老先生　老先儿

老头儿　老汉　老者

　老官　老头子带贬义

同庚同年生的　老庚

庚兄

庚弟

老家　原籍

令尊　尊大人　老太爷

家父　家严

令堂　老太太

家母　家慈

令郎　令嗣　少爷

小儿　小孩子　我儿子

小犬

令爱　您的姑娘

小女　我女儿　我闺女

令兄

家兄　我哥哥

令弟

舍弟　我弟弟　我兄弟

令姐

家姐　我姐姐　我姐

令妹

舍妹　我妹妹

相公旧日称青年男子和女婿

姑娘青年女子。旧公婆称儿媳妇
　　是否也有说"姑娘"的？

城里人

乡下人　乡里人

土包子　老杆　老土儿

自己人　自家人

当家子同宗同姓的　本家
　　一家子

外人不是自己人

外路人　外地人

内行　在行

外行

力巴（头） 外行人
　力笨儿
半瓶醋　半吊子
外国人　洋人　洋鬼子
日本人
对头敌人　死对头
工作　活儿　工　活路
　生活　事
管家　管事的
伙计①长工②店员③同志，同事
厨子　大师父　做饭的
　厨师父　掌锅的　厨官
饲养员　喂牲口的
保姆　干娘　阿姨
　常从小孩子呼"张干儿，王干
　儿"或"张姨儿，王姨儿"
奶妈喂奶的保姆　干娘　奶娘
仆人男的　听差　当差的旧
女仆　老妈子　嫂儿
老姐妹儿女仆之尊称　老干儿
丫头　丫鬟　使女
工人　做工的
雇工　做活儿的
长工　做长工的　伙计
作头长工的头儿
零工　做零活儿的　散工

农民　庄稼人　庄稼汉
　做庄稼的　种庄稼的
手艺人　做手艺的
经商的　做买卖的
小贩儿
摊贩摆摊儿的
货郎儿持货郎鼓叫卖的小贩
货郎鼓儿
跑合儿说合生意的人
拉纤的说合买卖房子的人　纤手
脚行　脚夫
挑夫
小工
军人　兵　当兵的
　老总儿尊称　丘八戏称
警察　巡警
医生　大夫　先生　医官
教书先生私塾的老师
教员学校的老师
学生
同学　同窗
老学究
书香人家
暴发户儿
老悭头　老悭儿　贫抠儿
破落户儿

败家子儿　荡家子儿
乞丐　教（告）花子　花子
　　要饭的　讨饭的　讨米人
荐头　荐引人
经纪
牲口经纪
烟经纪买卖烟叶的中人
中人
佣钱　手续费
收生婆　老娘婆　娘婆
　　（收·生）老老
单身汉　单身儿　光棍儿
　　光杆儿　寡汉子
老姑娘老处女　老小姐
　　老女儿
二婚头再醮的妇人

囚犯　犯人
衙役　差人
卖膏药的
走江湖的
骗子　骗子手　擎子
拍花子的
土匪　杆儿上　棒客
　　刀·客
贼　小偷儿
拐带贩卖人口的
料高儿的
把风的
引线的　眼线
相貌　模样　面貌　面相
　　长相
年龄　年纪　岁数　年岁

玖　亲属

亲属称谓，请注意当面呼唤和对人称述的异同。

父亲　爸爸　爹　达
母亲　娘　妈妈　妈
伯父　大爷　伯伯　伯
伯母　大妈　伯娘
叔父　叔叔　达　叔爷
　叔儿
叔母　婶儿　婶娘　婶婶
祖父　爷爷　爷　公公
　公　爹爹
祖母　奶奶　奶　婆婆
　婆　太太
外祖父　老爷　外爷　外公
外祖母　老老　外婆
　外奶　婆婆
外孙　外孙儿　外孙子
外孙女　外孙女儿
儿子　小孩子　少爷　娃子
儿媳妇　媳妇　儿子媳妇
女儿　闺女　小姐
　女娃子　姑娘
大儿子　老大　大的
二儿子　老二　二的
三儿子　老三　三的
小儿子　老么　第老的
岳父　老丈人　丈人
岳母　丈母娘　丈母
　老丈母
女婿(韵母)　姑爷　团婿
孙子　孙儿
孙媳妇　孙儿媳妇
孙女　孙女儿
孙女婿　孙儿女婿
重孙子
重孙女
舅　舅舅　娘舅
舅母　舅妈　妗母　妗子
　娘妗
外甥儿
外甥女儿
姑　姑姑　姑妈　娘儿
姑娘　娘娘
姨　姨妈　姨娘　姨儿
弟兄　哥们　兄弟　哥弟
姊妹　姐妹　姐儿们

兄弟姐妹能不能合称"姊妹"？

哥哥　哥

弟弟　兄弟
姐姐　姐
妹妹　妹　妹子
堂兄弟　叔伯兄弟
堂兄　堂哥　叔伯哥哥
堂弟　叔伯弟弟　叔伯兄弟
堂姊妹　叔伯姊妹
堂姐　叔伯姐姐
堂妹　叔伯妹妹
表兄弟　老表
表兄　表哥　老表
表弟　老表
表姊妹
表姐
表妹　表妹子
姑奶奶 父亲的姑母　姑奶
姨奶奶 父亲的姨母　姨奶
夫　丈夫　当家的　外头人
　外厢人　先生　老官
　爷们
妻　老婆　媳妇　家里
　屋里　太太　女人
　堂客　屋里人
小老婆　二房　姨太太
　姨奶奶
大伯子　阿伯子
小叔子

大姑子 丈夫的姐姐
小姑子 丈夫的妹妹
内兄弟　舅子　舅官儿
内兄　大舅子　大舅官儿
　丈哥
内弟　小舅子　小舅官儿
大姨子　丈姐　妻姐
小姨子　妻妹
内侄　妻侄
内侄女　妻侄女
连襟　一担ˀ挑　挑担ˀ
辈分　行辈
长辈
晚辈
平辈
排行
亲ˀ家
亲ˀ（家）太太
　亲ˀ母奶奶　亲ˀ母
亲·戚　亲·亲
走亲·戚　走亲·亲
后妈　后娘　晚娘　姚妈
后爹　后父　姚爹
带犊儿 妇女改嫁带的儿女
　瓜蛋子　拖油瓶儿
童养媳　小媳妇儿
　团圆媳妇　一接新妇

拾　身体

身体　身子	鬓角　太阳心　太阳
头　脑袋　脑瓜儿	脸　面　面孔
脑袋瓜儿　脑瓜儿（子）	脸蛋儿　脸蛋子
脑壳	不要脸　丢脸　丢人
奔儿头　奔楼头	颧（权）骨　脸旁骨
亮光头　秃脑袋	酒窝儿　酒靥
歇顶头	人中 _{鼻子下嘴唇中间的部分}
头顶　顶门	腮帮子
后脑勺儿　脑巴勺儿	眼睛　眼
脖子　颈子　头颈　项颈	眼眶子　眼团儿
颈项	眼珠儿　眼睛珠儿
脖梗子_{脖子后部}　脖儿梗子	眼睛珠　眼珠子
脖梗儿	眼（睛）乌珠
脖儿拐　绰脖子打一个~	白眼珠儿　眼白
后脑窝子_{脖子后部的窝}	黑眼珠儿
争嘴窝	瞳人儿　眼挺人儿　瞳孔
头发	眼梢　眼角儿
少³白头发　少³白头	眼圈儿
脱头发　掉头发	眼泪_{韵母}
头屑　雪皮　肤皮	眼眵　眵目糊　眼屎
额　天堂　天顶　额角头	眼皮儿
天门盖　额勒盖儿	单眼皮儿
囟脑门儿_{婴儿头顶未合缝的地方}	双眼皮儿
囟门儿　呼吸顶儿	眼毛　眼眨毛　眼睫毛

眉毛　眉

皱眉头　皱眉

鼻子　鼻头　山根　鼻哥

鼻涕　鼻挺　鼻子

　鼻·精　脓·带

鼻窟窿　鼻孔

鼻毛　鼻须

鼻子尖儿鼻子的顶端

鼻子尖嗅觉灵敏

糟鼻子　酒糟鼻子　红鼻子

嘴

嘴·巴　嘴巴子

　　打一个~"巴"字是否去声？

嘴唇儿　嘴皮

唾沫　吐ʾ沫

唾沫星儿　吐ʾ沫星儿

（流）哈喇子　ᴄ颔水

　口水　涎水

黏涎子[ᴄɕian·tʂ]口中的黏液

　黏唾沫

舌头　脷　口舌

（牛）舌头　脷子　口条食品

舌头尖儿　舌尖儿

舌苔

大舌头

咬舌儿

小舌儿　小舌头

牙　牙齿

门牙

大牙

虎牙

尽头儿牙　智牙

牙花·子牙垢　牙花儿

　牙屎

牙锈牙上附着的碱状物

牙床　牙根　牙床子

牙·口儿~好，咬得动｜~不好，

　咬不动了

虫牙　虫蛀牙　虫吃牙

耳·朵　耳·根　耳·头

耳朵眼儿耳孔　耳朵窟窿儿

耳朵眼儿女孩子穿耳环的孔

耳轮　耳轮子

耳珠　耳垂儿　耳朵垂儿

耳屎　耳塞　耳塞子

　耳垢　耳蜡　耳粪

耳刮子　耳光子打两个~

耳背听不清　耳朵沉

下巴　下巴颏儿

嗓子　喉咙　胡咙

喉结　嗓根子　胳勒嗉

喊嗓子大声嚷

胡子唇上的和颔下的有没有不同
　　名称? 胡须
连鬓胡子　　络腮胡子
仁丹胡子　　八字胡儿
头发旋儿　　旋发
䯲(螺)纹手指纹　　指纹
指印　　手印打在纸上的指纹
手纹　　掌纹　　断手纹
斗䯲纹　　䯲子 [$_cɕye\cdot tsɿ$]
　　簸箕列举各种䯲纹形状的名称
寒毛
寒毛眼儿毛孔　　毛孔眼儿
肩膀　　膀子
⊂溜肩 ⊂膀儿两肩下垂
　　美人肩
肩窝
锁子骨
脊·梁声母
脊骨　　脊梁骨
胳膊　　手膀　　膀子　　手杆
　　手骨
胳膊肘儿　　胳肘拐子
胳肢窝　　胳老肢儿
胳肢动词　　哈痒
手腕·子　　腕·子
左手　　借手　　反手

右手　　顺手　　正手
手指　　指头　　手指声调头
　　手末指头
(指头)关节　　骨节
大拇指　　大拇哥　　大拇指头
食指　　二拇指　　二拇弟
　　二拇指头
中指　　三拇指　　将指
　　中央指
无名指　　四拇指　　四指
小拇指　　小指　　小拇哥儿
　　小拇指头
指甲　　手指甲　　指爪
指甲盖儿
指甲深儿
指甲缝儿
指头肚儿　　指头肚子
　　指拇肚儿
拳头　　槌头　　槌
手掌　　巴掌
巴掌打一~
手心　　掌心
心口儿　　胸口儿
胸脯　　胸脯子　　胸膛
肋条　　肋巴骨　　肋巴
肋窝　　腰窝　　臁窝　　肋肢窝

乳房　奶头儿　奶子
　　哑儿　妈妈儿　妈儿
肚子　肚皮　肚皮子
小肚子肚子的下部
肚脐眼
　（肚）脖脐是否送气儿
　　肚脐　肚目脐儿
腿　腿杆
大腿
小腿　脚杆
腿肚子　腿肚儿　脚肚子
胫面骨　迎面骨
膝盖　波棱盖儿　胳棱瓣儿
　　磕膝盖儿　猢狲头
胯骨
胯下　合·拉　裆
屁·股　屁沟　窟臀
鸡巴　鸟　鸠　雀　卵　锤
鸡鸡赤子阴　雀雀　卵卵
屄　鳖　匹　垮　板鸡子
㞗　日　戳　弄　尻　装
脚脖子（儿）　脚腕子
怀（髁）子骨　螺翅骨
脚　脚丫子　脚丫儿

脚步丫子　脚板儿
赤脚　光脚　光脚丫儿
光脚板儿
脚背　脚面
脚腰
脚掌（儿）
脚心（儿）
脚趾头　脚拇趾头
脚趾甲　脚拇趾甲
脚趾末·叶脚趾间的泥垢
脚跟（儿）　脚后跟（儿）
脚印儿
鸡·眼
痣　记
骨头　骨·都"骨"字声调
筋是否把"血管"叫做"筋"？
青筋
辫子　辫儿　头发辫儿
᠆鬏儿挽个~
鬠（抓）·纠儿
孩儿发小孩子额前的垂发
刘海儿　前刘海儿
齐眉穗儿妇女额前的垂发

拾壹　病痛　医疗

病了　生病了　不好了　　　　干哕
　不舒服了　害病了　　　　　　痨病
紧病　急病　　　　　　　　　疝气　小肠疝气
紧症　急症　　　　　　　　　绞肠痧
病重了　病利害了　　　　　　发疟子　打摆子　放老犍
泻肚　泻　拉肚子　拉稀　　　　打脾寒　生冷热病
　跑肚子　　　　　　　　　　霍乱　痧　痧子
发热　发烧　　　　　　　　　（出）痘　（出）天花儿
发冷　冷噤　　　　　　　　　　（出）花
伤风　受风　着凉　受寒　　　种痘　种花儿
咳嗽　喀　　　　　　　　　　伤寒　瘟病　瘟疫
气喘　喘病　　　　　　　　　痄腮
伤暑　中暑　　　　　　　　　黄疸　黄病　黄疸病
上火　火气　　　　　　　　　羊角风　羊痫风　癫痫
积滞　不消化　食积　　　　　惊风_{小儿病}
肚疼　肚子疼　　　　　　　　急惊风
胸口疼　心口疼_{胃疼}　　　　慢惊风
头晕　头发晕 "晕"字声调　　　抽风　搐风
晕车　醉车　　　　　　　　　中风_{脑溢血}　痰气
晕船　醉船　　　　　　　　　半身不遂_{声调}
头疼　脑袋疼　　　　　　　　生疮　˹长疮　˹长疙瘩
恶_{声调}心　作恶˒　想吐˒　　　　˹长窟窿
　要吐˒　发呕　　　　　　　　˹长疔　˹长疔疮
吐˒了　哕了　　　　　　　　　溃_{声母}浓　鼓脓　化脓

开刀　割
贴膏药
结痂　庆痂儿　庆痂瘇儿
摔伤
碰伤
蹭破皮儿
刺 [ₗla] 个口子
驴声调·唇如鞭打后皮上起的伤痕
疤　疤·拉　疮疤
痔疮　痔
疥疮　疥子　疥　瘊痨
　　葛老
癣
干癣
金钱癣　钱儿癣
痱子　热痱子
汗斑
瘊子
痦ˀ子　蝇子屎
雀儿斑　雀 [ₗtɕ'iau] 子
粉刺　酒刺
狐臭气　狐臭眼儿
口臭　嘴臭
气·拉脖儿　大脖子
　ₗ瘿袋脖
ₗ瘿包脖子脖子长瘿

六枝儿　六指儿
左撇儿　左撇子　左撇裂
一只手　一杆槌
一只腿　一只夯 [ₗxaŋ]
瘸子　瘸腿儿　拐子
　　拐腿子　跛子　摆子
罗锅儿　背锅儿　驼子
秃头　秃脑袋　亮光头
秃子　小秃儿
麻·子脸上长的
麻·子长麻子的人
瞎·子
聋·子
哑·巴　哑子
水蛇腰
公鸭嗓儿嗓音发沙的人
一只眼儿　老单子
　　独眼龙　独只眼
近视眼　近趋眼
远视眼
老花眼
鼓眼泡儿　豹子眼
斗眼儿　对眼儿
　　对子眼儿　斗鸡眼儿
豁唇·子　豁嘴儿
　　豁·子　豁蠢子

豁牙子
老公嘴儿 成人不生须的
天·老儿 生来发毛皆白的人
　雪里迷
傻子　傻瓜　㹴子
　呆（憃）子
请医生　请先生　请大夫
医　治　疗
诊病　看病　瞧病
病轻了　松了　好些了
　松和些了　见好
号脉　摸脉　切脉
开方（子）　开药单
　开单子　处方子
一剂药　一服药
药引子　引子
药罐子　药铫儿　药锅
煎药　熬药

抓药 中药　赎药
配药 西药　买药
药铺 中药　药店
药房 西药
偏方儿　单方儿
表汗　发汗
除风
去火　败火
去湿　除湿
败毒　去毒
消食　消积　消积滞
扎（剳）针
拔火罐儿
敷药　上药　搽药　擦药
膏药 中药，一张~，一贴~
贴膏药
药膏 西药，一瓶~，一盒~
搽药膏

拾贰　衣服穿戴

衣服　衣裳　衣
服装　穿着　穿带
打扮　ᶜ刀·尺（捯·饬）
首饰
棉读音衣｜夹声调衣｜单衣
长衫　大衫儿　大布衫儿
布衫儿女人穿的　布褂　褂子
马褂儿　马褂子
小褂儿　小衫儿　小布衫儿
夹袍儿　大夹袄
夹褂子　小夹袄
旗袍
棉袍儿　袍子　大棉袄
棉袄　小棉袄儿
皮袍儿　皮袄
短装　短打（儿）
西服　西装　洋服　洋装
大衣　大氅　外套儿
衬衣　衬衫
衣襟儿　衣裳襟儿
大襟｜小襟儿｜对襟儿
缺襟儿
下摆（襬）　底摆（襬）
领子　领儿

领口　领口儿
袖子　袖儿
袖口儿
贴边是否轻声？
兜儿衣服上钉的口袋　口袋
　　布袋儿
裤子
单裤　单裤子｜夹裤
　　夹裤子
棉裤｜套裤｜罩裤
短裤　裤ᶜ衩儿
连脚裤｜开裆裤
漫裆裤　浑裆裤　滚裆裤
　　杀裆裤
裤裆　裆
裤腰
裤腰带　裤带
裤腿儿　裤桶儿
罩袍罩在袍外的大褂儿
　　袄罩儿
斗篷
背心　坎肩儿
汗衫儿　汗褟儿　汗褂儿
瓜皮帽　便帽

礼帽

草帽　草帽儿　草帽子

毡帽　毡帽儿　毡帽子

风帽

飘带儿风帽上的

制服　操衣

军帽　操帽

帽檐儿　舌头儿

帽带儿　帽襻儿

风纪扣儿　领扣儿

裹·腿

纽扣儿　纽襻儿

扣子　扣儿　纽子

扣纽子　扣鼻儿　扣门儿

战带农民围腰的带

围腰厨子腰间围的　围裙

裙子

腿带子　扎腿带子

　扎腿带儿　绑腿儿

袜带　袜带子

兜肚儿小孩儿带的

　兜·兜（儿）

腰里硬线织的腰带，劳动用的

涎布　围嘴儿　围涎

　涎兜　领水拍儿

尿布　褯子　屎布

鞋　鞋子

拖鞋　靸鞋｜趿拉着鞋

套鞋

棉鞋　靴

马靴　马靴子

靴鞠儿

皮鞋｜布鞋

双脸儿（鞋）｜单脸儿（鞋）

鞋底儿　底子

底缘条儿

鞋帮儿　帮子

鞋楦子　楦头

鞋拔子

鞋提根儿童鞋后跟帮上的提手儿

　拽跟儿　鞋拽拔儿

鞋带儿　鞋绳儿

袜子　袜

袜底儿

包脚布旧日男子包脚用的

手绢儿　手巾儿　小手巾儿

汗巾

围巾　围脖儿

手套　手套儿

耳朵帽儿　耳帽　暖耳

　耳套

眼镜是否儿化轻声？

（眼）镜子
风镜　避风镜
望远镜　千里镜　千里眼
褡裢　褡裢儿
背褡　背褡裢
荷包　钱包　钱袋
扇子
折扇
蒲扇　芭蕉叶儿　芭蕉扇
团扇
手表　镯表　腕表
镯（锭）子臂环
戒指　戒子　手箍儿
项圈
百家锁
耳挖子　耳勺　耳挖勺儿
别针儿
簪子
耳环　耳坠儿　耳坠子
　钳子
耳朵眼儿耳环所通的孔
胭脂
粉　官粉　宫粉

裹·脚旧时妇女缠足的布
伞　撑子　遮
雨伞　雨盖
旱伞　阳伞
雨帽　雨笠　笠帽
蓑衣｜雨衣
雨鞋　胶鞋　油鞋雨天穿的
木屐　泥屐
拐杖　拐棍儿
手杖　洋棍儿　文明棍儿
烟袋｜旱烟袋｜水烟袋
烟袋荷包盛烟叶的袋子
　烟布袋儿
烟袋别子玉坠　烟布袋坠儿
烟袋杆儿
烟袋锅子　烟袋锅儿
烟袋嘴儿
烟袋油子　烟油子　烟油
火镰｜火石｜火纸
纸煤儿　纸捻儿
火绳　艾绳
手纸　擦包纸　擦屁股纸
　草纸　粗纸

拾叁 饮食

饭·食泛指火食 火·食
　汤·水
便饭 家常饭 家常便饭
早饭 早起饭 朝饭
　五更饭
早点 点心
午饭 晌午饭 中饭
　日昼饭
晚饭
　夜饭吃晚饭是否叫"喝汤"？
打尖途中吃饭
食品 吃·食
零食 零嘴 零吃儿
消夜 夜宵
小饭儿 小锅儿饭 梯己饭
米饭 大米饭 饭 干饭
　白米饭
二米饭大小米掺和的
　二米子饭
　　列举本地各种"米饭"名称
剩饭 冷饭
（饭）煳了 有煳味儿了
（饭）馊了 飔气了
锅巴 锅疙·渣 疙·渣

面粉 白面 面 灰面
面条儿 面条子 面
挂面 线面
汤面 面·汤
清汤面
糊ʔ汤面
臊ʔ子面
　臊ʔ子肉末作成的，拌面用
浇臊ʔ子把臊子放面里拌和
　　列举本地各种"面条"名称
饺子 扁食 水饺儿
　煮包子
（饺子）馅儿 馅子
馄饨 包面 饺儿 抄手儿
烧·卖
麦仁儿 玉麦仁儿
　大麦仁儿
饹·饸 河捞声调
碾转ʔ儿大麦仁磨成的面条
面片儿 片心汤 面叶儿
面糊儿 糊·涂 稀糊·涂
面疙瘩 [ˌkə ·ta] 疙瘩汤
粥 米·汤大小米作的 稀饭
公汤 米汤儿

小米儿稀饭　小米儿米·汤　　豆花儿
馒头　卷子　馍馍　馍　　　豆腐浆　豆浆
蒸馍　包子　　　　　　　　酱豆腐　豆腐乳
馒头片儿　馍馍片儿　　　　粉皮　粉皮儿
　馍干儿　　　　　　　　　粉条儿　粉丝　细粉
花卷儿　卷子　卷馍　　　　凉粉　凉粉儿
包·子　馒头　　　　　　　面筋
锅饼　锅盔　铛音撑饼　　　点心　馃子　茶食
烧·饼　　　　　　　　　　油炸鬼　油条　麻花儿
火烧儿　　　　　　　　　　　馃子
烙饼　饼　烙馍　　　　　　蛋糕　鸡蛋糕　槽（子）糕
葱油饼　油馍　　　　　　　炒米花　炒米　米花
菜饭菜的菜　菜蔬　小菜　　藕粉
　下饭　　　　　　　　　　开花豆儿炸蚕豆　兰花豆儿
青菜　蔬菜　素菜　　　　　玉米花儿　包谷花儿
荤菜　肉菜　　　　　　　　花生仁儿　花生米
咸菜　腌菜　　　　　　　　　花生豆儿
小菜儿酱菜、咸菜统称　　　味道　味儿~好　滋味
剩菜　退盘儿菜含贬义　　　气儿　味儿一股香~　气味
豆腐　灰门儿　　　　　　　颜色　色儿　色
豆腐皮　腐皮　豆皮　　　　芝麻油　香油　麻油
　千·张　　　　　　　　　猪油　荤油　大油　脂油
豆腐筋　腐竹　豆筋　　　　盐　咸盐　盐巴
豆腐干儿　香干儿　　　　　酱油　青酱　豉油　豆油
豆腐c泡儿　炸豆腐　　　　　醋　酸的　忌讳　酸酒
豆腐脑儿　豆腐花儿　　　　料酒　黄酒

红糖　黑糖　　　　　　肉冻儿

白糖　　　　　　　　　肉汁儿

冰糖　　　　　　　　　肉松

麦芽糖　灶糖　　　　　米粉肉　粉蒸肉

作料八角儿、茴香之类　　扣肉　烧白

五香　　　　　　　　　红烧肉　烧肉　红肉

八角茴韵母香　八角　　　肘子　蹄ᶜ髈声母

　大料　大茴韵母香　　　蹄子　猪爪儿 [ᶜtṣuar]

茴香　小茴香　　　　　　　猪爪子

花椒　　　　　　　　　里脊　脢子

胡椒面儿　胡椒　　　　（牛）腱子　蹄筋

豆豉音　　　　　　　　牛舌头　口条　缭青

葱花儿葱切成碎块　　　　下·水猪牛羊的内脏　杂碎

姜米儿姜切成碎末儿　姜末儿　肺　心肺

蒜汁儿在蒜臼中捣成的蒜头汁　肠子

　蒜泥　　　　　　　　ᶜ肚子　百叶儿牛的

芡粉　团粉　芡　　　　肝儿　肝子　肝

木耳　　　　　　　　　腰子　腰儿　腰花儿

银耳　　　　　　　　　鸡杂儿

金针　黄花儿　　　　　鸡肫　鸡胗　鸡胗肝儿

海参　　　　　　　　　猪血　猪旺子　红豆腐

海带　　　　　　　　　鸡血　鸡旺子　红豆腐

海蜇　海蜇皮　蜇皮　蛇　鸡蛋　鸡ᶜ子儿

肉块儿｜肉丁儿｜肉片儿｜　炒鸡蛋　炒鸡ᶜ子儿

　肉丝儿｜肉末儿　　　　　摊黄菜

肉皮　　　　　　　　　荷包蛋油煎和水煎的异同

卧鸡子儿　汤荷包儿　　　沏茶　泡茶　冲茶
　白鸡蛋　卧果儿　　　　做饭一般　弄饭　烧饭
炸鸡子儿　油荷包儿　　　（做）好了　（做）得了
煮鸡子儿连壳　煮白果儿　　（做）中了
冲鸡子儿　（冲）鸡蛋汤　蒸饭米饭　蒸干饭
蒸鸡子儿　蒸蛋羹　　　　煮饭　煮干饭
　蒸鸡蛋糕　　　　　　　焖饭　空ᐟ干饭
松花蛋　松花　皮蛋　变蛋　烧火　烧锅
咸鸡蛋　咸鸡子儿　腌鸡蛋　洗菜　淘菜
老腌儿久腌的　暴腌儿新腌的　择菜｜切菜
香肠儿　腊肠儿　　　　　炒菜
肉汤　膏汤　清汤　　　　煮汤　熬汤
鸡蛋汤　蛋花汤　甩果儿　洗米　淘米
　甩鸡子儿　　　　　　　和面
木樨韵母汤　　　　　　　揉面剂儿
酸辣汤　　　　　　　　　枪面饳　枪饳面
鲞音想鱼　干鱼　　　　　擀面条　擀面
黄酒　老酒　　　　　　　押面条　拉面
白酒　白干儿　蒸酒　烧酒　切面条　切面
江米酒　糯米甜酒　浮子酒　下面（条）把面条下到锅里
　甜酒　酒酿　醪糟儿　　捞面
甜酒鸡蛋　醪糟蛋　　　　蒸馒头　蒸馍馍　馏ᐟ馒头
茶　茶水　　　　　　　　发面
茶叶　茶　　　　　　　　面酵子　酵子　起子　面肥
开水　白开水　白茶　　　凉拌白菜　渥白菜　腌白菜
　清茶　玻璃（茶）　　　炒菜　烧菜

炒肉　烧肉　　　　包饺子　捏饺子
氽丸子　　　　　　包包子　作包子
煠丸子

拾肆　红白大事

婚事　亲事　婚姻
说媒　保亲　保媒　提亲
媒人　大媒　媒婆　说媒的
结婚　成亲　完婚　成婚
（男子）娶媳妇　娶亲
　接老婆　讨老婆　讨堂客
（女子）出嫁　出门（子）
　出阁　出聘韵尾　出闺
　嫁人
（父母）聘姑娘　嫁女
　嫁闺女
⌐相看相媳妇，相女婿
　⌐相一⌐相
定婚　定亲　定亲事
放定　纳定　下定
喜期　好日子
喜礼　喜敬
添箱为女家送礼　送奁敬
喜酒　吃喜酒
帮轿（男）
送亲（女）
谢亲新郎发喜轿前先到女家磕头
亲迎
过嫁妆

花轿　喜轿
倒毡（子）　传毡　传席
搀亲　搀拜
搀亲太太　搀扶婆　搀拜的
走火盆　迈火盆
过鞍子
拜堂　拜天地
开脸　绞脸
新郎　新女婿　新姑爷
新郎官
新娘　新媳妇（儿）
　新姑娘　新娘子
伴郎｜伴娘　伴姑
喜娘　陪嫁的
新房　洞房　喜房
响房发轿前，在新房外敲锣打鼓。
坐帐　坐炕
交杯酒　交杯盏
暖（馂）房新婚后洞房置酒果
　聚会
闹新房　闹房
回门　回九
再醮　往前走　再嫁
续弦从男方说　续娶

填房从女方说

有喜了　有孕了　怀孕了
　　有了　怀孩子了
　　双身子了
孕妇　大肚子贬称
　　四眼人讳称
小产　小月子　流产
临月儿将到产期
临产　临盆　临蓐
　　（婴儿）落地　落草
收生　接生
剪脐带
胎盘　衣胞儿　衣胞子
　　胞衣
坐月子
满月
头生儿　头胎
双⁻生儿　双⁻棒儿
　　双胞儿　双胞胎
背生儿生而不见父的
遗腹子　殁生子　殁生儿
老生子
洗三　洗儿
抓周儿
挂线初见婴儿之礼，用荷包挂在
　　婴儿的脖子上

吃奶　吃妈儿　吃咂儿
奶头　妈儿　妈妈儿
　　咂头儿
（小孩子）尿床　尿炕
挪臊窝儿婴儿满月到老老家
乖　不闹　安静
认生　怕生人见生人就哭
不识玩儿
不识闲儿
害臊　害羞　腼腆
羞亮儿　羞明儿　怕光
寿辰　生辰　生日　生儿
做寿　做生日　办生日
　　做生儿
庆寿　拜寿　祝寿　贺寿
寿星　寿星老儿
丧事　白事
丧主　丧⁻种
孝子
孝孙
断气　咽气　⁻倒头死了
死了　故世了　故去了
　　过去了　老了
灵床
复面纸
引魂灯床前灯

棺材　枋子　棺木
寿材生前预制的棺材
棺罩
七星板棺内盖底的板
入殓　入木
灵柩　灵
灵位　灵牌儿
守灵　守丧
接三人死后第三天迎魂
送三　送路儿
接煞　出殃
做七　过七
守孝
戴孝　穿孝
孝布
孝帽子　梁冠
孝巾　孝箍　白手巾
戴孝巾　勒白头
孝衣　孝服　孝袍　孝褂子
满孝　脱孝
哀杖　孝杖　（哭）丧棒
开吊　吊孝　作吊
讣闻　讣告

谢孝
道恼吊问
祭奠
祭文
伴宿 [$_{c}$y] 韵母声调
　坐夜出殡前日
出殡
发引
送葬　送殡　执绋
开路神出殡时前行的纸神
　开路鬼
纸扎　纸扎人儿
楼库纸糊的
纸锞冥钞　纸锞子
破土
下葬　登坑下葬　下土
浮厝　云丘动词
寻短见企图自杀
上吊　吊脖子
验尸
骨灰　骨殖 [·ʂʐ]
骨殖 [·ʂʐ] 坛子　骨殖罐儿

拾伍　迷信

老天爷　老天　玉皇
灶王爷　灶神　灶王
　老灶爷
佛　佛爷｜神　神仙
菩萨　观音　观音菩萨
佛龛　神龛　灶王龛
佛堂
神像　神胎
香桌　香案　佛桌
供桌　供案桌
上供　供神
烛台　蜡台　蜡座儿
蜡烛　蜡　点蜡
线香｜檀香
香炉　檀香炉
烧香｜敬神
长明灯
磬
木鱼音
香·钱
布施
打醮
念经
求福

念佛
拜佛
打卦
求签　抽签
庙会　赶庙会
朝山　朝顶进香　进香
和尚
尼姑　姑子　姑姑子
道士　老道
火·家道
出家
出家人 和尚、尼姑等
跳墙和尚
方丈　当家的
住持　住持僧
游僧
知客
＿＿＿庙（寺 观 堂 庵 阁
　　祠）填写本地庙宇名称，记下音
土地庙｜土地　土帝爷
财神庙｜财神　财神爷
　五显财神
关帝庙　关爷庙｜关老爷
关岳庙｜岳王庙　岳庙

龙王庙｜龙王　龙王爷
八蜡（诈）庙
　　八蜡爷也喻人之狂纵
城隍庙｜城隍　城隍爷
阎音王　阎音王爷
判韵母官
小鬼
生死簿
奈河桥
刀·山
鬼门关
勾魂幡　引魂幡
望乡台
祠堂
拆字　测字
拆（测）字的
　拆（测）字先生

算命　批八字儿
算命的　算命先生
看相的　相面的
打卦　打卦的　算卦的
竹竿算卦
黄雀算卦　黄雀叼卦
教堂　福音堂　天主堂
教徒　传教的　信教的
　奉教的
巫婆　神婆　瞧香的
下神　跳神
过阴
鬼附身　神仙附体
许愿
还愿
舍身

拾陆　讼事

打官司　涉讼事
告状　控告　告　禀
原告｜被告
状子　状　呈子　禀
惊堂木　醒子　醒木
坐堂｜退堂
问案　审案
过堂　开庭
证人
人证｜物证
对质
刑事
民事
家务事 清官难断~
银钱债务
讼师　律师
代书 代人写状子的
呈发房 管代书
服｜不服
上诉
宣判　判
招认
苦打成招　屈打成招
供词　口供

供｜咬供出同谋
同谋
故犯｜误犯
犯法　犯罪
诬告｜赖
连坐
开释｜假释｜保释
取保　觅保
押起来｜提出来
押解°
囚车　犯车
青天　青天老爷　清官
铁面无私
昏官　糊涂官　赃官
贪赃　受贿　吞公款
贿赂　行贿　使钱
罚金　罚款　罚钱
枪毙了　毙了　崩了
　　较°炮了　较°了
招子
用刑　上刑　拷打
打屁股
鞭背
上枷

戴手铐（子）	报税　交税　纳税
戴脚镣（子）	牌照｜执照｜护照
吊起来	告示　布告
背绑	通知
圈起来	路条　路单
坐监　坐监狱　坐牢	命令
坐班房　蹲笆篱子	印、印把子
探监	私访
砸监	交代
越狱	上任
立约　立字　立字据	谢任
订合同	免官　免职　罢免
画押　按指纹　按手印	衙门
厘金	县官　县长　县知事
课子　国课｜苛捐杂税	正堂｜后堂
地租　租子	承审
地契　田契｜房契	文案｜案卷
白头字儿	传票

税契 持契交税，使契有效

拾柒　日常生活

起床　起来　起身　　　　　吃午饭　吃中饭　吃晌午
穿衣裳　穿衣　　　　　　　吃晚饭　喝汤
洗脸　洗面　沃面　揩面　　吃零食　吃零嘴　吃零吃儿
漱口　漱嘴　　　　　　　　开饭　端饭　摆饭
刷牙　刷牙齿　　　　　　　盛饭　舀饭
梳头　梳头发　　　　　　　吃饭　用饭　食饭　鹹饭
篦头　篦头发　　　　　　　搛菜　夹菜　刀菜
梳辫子　辫辫子　　　　　　舀汤　扤汤
挽（绾）鬏儿　挽头　　　　使筷子　用筷子　拿筷子
剪指甲　铰尖团音指甲　　　肉不烂　肉不毼 [ₑpʻa]
刮胡子　剃胡子　　　　　　饭生　饭夹生
掏耳朵　挖耳朵　　　　　　嚼不动　咬不动
上地（作活）　下地　　　　（吃饭）噎住了　哽住了
上工　上班　　　　　　　　打噎嗝　打嗝逗儿
歇工　收工　下班　　　　　抢着吃　争着吃
出门儿了　出去了　　　　　细嚼烂咽、
回家了　回来了　　　　　　（吃的太多了）撑住了
玩儿　耍　玩耍　　　　　　　胀了
逛　游玩　溜声调达　　　　喝茶　吃茶　饮茶　鹹茶
散散步　走走　　　　　　　喝酒　吃酒
　ₑ溜达　ₑ溜达　　　　　　吸烟　抽烟
饿了　肚子饿了　饥了　　　洗手｜洗脚
嘴没味儿　吃着不香　　　　洗澡　洗身　沐浴
吃早点　吃点心　　　　　　擦身　擦擦

方言调查词汇表·拾柒 日常生活

小便　小解　解小手儿
　撒尿　尿尿
大便　出恭　解大手儿
　拉屎　痾屎
乘凉　纳凉
晒暖儿　晒太阳
烤火　向火
点灯
吹灯　熄灯　灭灯
休息休息　歇歇　歇
打盹儿　冲ᵖ瞌睡　铳盹儿
　打瞌瞌　瞌眼叧
困了　瞌睡了　想睡觉
铺床　铺炕
脱衣服　解扣儿
脱鞋　上床
躺下　睡下　挺下
（在床上）躺·着　睡·着
　挺·着

睡觉了　睡了　睡꜀着了
打呼　打呼噜　呼噜
睡迷糊了　睡糊涂了
失眠　睡不꜀着觉
　　睡不꜀着
睡午觉　睡中觉　午睡
仰面睡　仰八脚睡
侧着睡　侧楞髂睡
俯睡　趴着睡
支腿睡ᵈ仰睡拱腿　支锅儿睡
跷腿睡ᵈ侧睡屈腿
脖子转ᵖ筋了　落枕了
腿肚转ᵖ筋了　抽筋了
做梦
说梦话　发吃挣
魇住了　压住了
　梦见压虎子了
熬夜　坐夜
开夜车　赶夜工儿

拾捌　交际

应酬　酬应　　　　　　　　款待　招待
来往　往来　　　　　　　　待客　款客　招待客人
看人　瞧人　访人　　　　　招待不周　怠慢　慢待
拜望　拜访　看望　　　　　空坐　空坐
回拜　回看　　　　　　　　礼当　礼当
男客　官客　　　　　　　　谢谢　多谢多谢
女客　堂客注意"堂客"的意思　不客气　甭客气
名片　片子　　　　　　　　蓝青官话　月白京腔
名帖　帖子　致（赍）名片　果碟儿　果盘儿
递片子　拿片子　　　　　　馃子
送礼　送礼物　送人情　　　茶点　茶食
　送人意儿　　　　　　　　倒ᵖ茶
迎客　接客　　　　　　　　水烟　旱烟｜纸烟　烟卷儿
您来了　　　　　　　　　　抽烟　吸烟
您好　　　　　　　　　　　置酒席　置席　摆酒席
让客　　　　　　　　　　　　摆席
您请　　　　　　　　　　　一桌酒席　一桌席
请进　　　　　　　　　　　知单　请帖　请柬　帖子
请坐　　　　　　　　　　　下请帖　发请帖　下帖子
送客　　　　　　　　　　　催请　速
不送了　不远了　慢走吧　　主·客　主宾　贵客
　慢请了　　　　　　　　　陪·客
留步留步　就到这儿吧　　　上席　上座｜下席　下座
　您不动　　　　　　　　　打横坐在方桌的末座

入席　入座　就座
上菜　端菜
斟酒　倒ˊ酒
劝酒　先酒
敬酒　对饮
干杯　见底
敬菜　奉菜　让菜
作假儿客气不多吃菜
带封信去　捎封信去
带个信儿　捎个信儿
匿名信　没名信
匿名帖子匿名的传单
　没头帖子
招帖　帖子
装扮　伪装
装病　装傻　装疯
（他们俩人）不对　不和
　不佮　不对付

不说话不和　不讲话　不搭腔
冤家　对头
不忿儿　气不忿儿　不平气愤
背黑锅　受屈　冤枉
改　笑话　嘲笑
改人　笑话人　讥笑人
插嘴　打叉ˊ
挑眼儿　吹毛求疵　挑刺儿
做作装腔作势　捏造　拿捏
摆架子　端架子　臭品
摆谱儿　摆牌子
耍排场　耍阔气
拿糖　拿糖作醋
装傻　装蒜
出相　出洋相　现眼
丢人　丢脸　丢面子

拾玖　商业

商号　字号　　　　　　　顾客　买主　主顾
招牌　幌子　　　　　　　要价　讨价
招贴　贴子　　　　　　　还价
开铺子　开买卖　开店　　不讲价儿　不打价儿
开布铺　开茶叶铺　　　　　　不还价儿
　开药铺等　　　　　　　言无二价　言不二价
铺面　门面　　　　　　　（价钱）公道　小　便宜
摊贩　　　　　　　　　　　　合适　贱
摆摊子　摆摊儿　摆地摊儿　（价钱）大　贵　高
跑单帮　跑口　　　　　　包赔　赔　管包来回
做买卖　做生意　　　　　包圆儿①剩下的全部卖了②担
开张　开市　开门　开业　　保：谁~③"圆"字轻声，表
关张　歇业　关门　　　　　示"当然"
晾张　倒闭　　　　　　　老账
顶出去　倒出去　盘出去　流水账
盘货　点货　　　　　　　往来账
栏柜　柜台儿　　　　　　记账　登账
账房　柜房　　　　　　　收账记收入的账
老板　掌柜的　掌柜　　　出账记付出的账
经理新名　　　　　　　　欠账　记账　赊账
女老板　内掌柜　老板娘　要账　讨账
店员　店伙儿　伙计　先生　烂账要不来的账　黄账
跑外　　　　　　　　　　　　四路账
学徒　相公　　　　　　　（一笔）款项　款子　款

钱

存款储蓄　存钱
存项　存款积存的数目
滚存随时结账余下的
零钱
零用　零花
发票　发单　单据
收条　收据
提货单　提单
水牌临时记账用的木牌或铁牌
日记牌
算盘　打算盘　打算·子
天秤
戥（等）子
盘秤ᵖ
簸箕秤ᵖ
钩秤ᵖ
秤ᵖ锤　秤ᵖ砣
秤ᵖ杆（儿）
秤ᵖ盘（儿）
秤ᵖ钩子（儿）
秤ᵖ星儿　定盘星儿
　秤ᵖ花
秤ᵖ平斗满斤量十足
用秤ᵖ　称称　吊吊　约约
躺·子平斗斛的木片

开支　开销　绞尖团音裹
嚼用　工钱
花红
路费　盘缠　盘川　盘费
本钱　老本儿　本儿
利息　利钱　利儿
大利对小利而言
小利利息的利息
利上加利　驴打滚儿
几成利　二成利　三成利
走运　运气好　时气壮
买卖好　买卖顺当　买卖旺
欠~他十块钱　该　争
短　拿
赚钱　偿（长）钱
赔钱　亏本儿　赔本儿
铜钱　制钱　蹦子
字儿铜钱有字的一面
漫儿铜钱无字的一面　闷儿
票子　钞票
元宝
铜元　铜子儿
银元　洋钱　大头
一块钱　一元钱
一毛钱　一角钱
一张票子钞票

一个铜子儿　一个铜板
一个钱　一个制钱
　一个蹦子
赁{声母}房子　租房子　税屋
押租
典房子　当房子
绸缎庄
布铺　布店
洋货铺　洋货店
京货铺　京货店
广货铺
丝绵　猪肚绵
瓷器铺　瓷器店
铁器铺
山货铺　山货屋子
挂货铺
古玩铺
铁铺
铜铺
锡镴铺
油盐店
粮食店面铺
杂货店　杂货铺
切面铺
文具店　笔墨庄
书铺旧式　书店新式

纸铺　纸店　石厂子
饽饽铺　点心铺　果盒铺
粥铺　烧饼铺
煤铺　煤厂比煤铺大
煤黑子旧时对煤业工人的贬称
烟儿煤　黑煤
无烟煤　白煤
　红煤上等无烟煤
硬煤　煤块
原煤　混煤
煤ᴄ砟子
煤末子
煤球儿　摇煤球儿
蜂窝煤　煤砖
当ᵖ铺　记录有关的词汇，并记音
银号　钱庄　票号
银行
银楼　银匠楼　首饰楼
银匠
金店
炉房化银子的　银局子
饭馆　馆子　合制馆
下馆子　下合制馆
饭铺比饭馆小
堂倌儿　跑堂儿的
茶叶铺　茶庄

茶馆儿
坐茶馆儿　泡茶馆儿
书馆儿说书的地方
酒铺　酒缸卖零碗酒的铺子
　　大酒缸　酒馆儿
酒坊　槽房
烟（菸）厂　烟行
烟儿铺
盐厂　盐行　盐店
粮食店　粮行　粮店
米粮店　米庄　米面庄
酱园　酱菜园　酱厂子
酱菜
黑菜
酱瓜
酱笋
酱萝卜
酱疙瘩　大头菜
甘螺儿
八宝菜
什锦菜
臭豆腐
麻酱　脂麻酱
甜面酱
豆瓣儿酱
辣酱

豆豉
糖蒜　（糖）醋蒜瓣儿
秦椒糊
客栈　栈房　店
旅馆比客栈大　旅社
鸡毛店旧时最简陋的小客店
油店卖油，不做油
油坊连做带卖　油局子
油碓
油榨
油漆匠　油匠　油画匠
皮匠
锢露 [ku² lu²] 锅的
锢碗儿的
锢缸的
焊铁壶的
木匠
曲尺
墨斗
绷墨线
瓦匠　盖匠　泥水匠
　　泥瓦匠
瓦刀
槾子　抹子
麻·刀（捣）
灰兜子

灰槽子
铁匠铺　铁匠炉
铁匠
铜匠铺　铜匠炉
铜匠
小炉儿匠
成衣铺　裁缝铺
裁·缝
理发员　理发师　剃头匠
理发馆　剃头铺　剃头棚儿
　　梯头棚·子搭棚的
剃头 挑子挑担理发的
头发浅儿
头发茬儿剃下来的碎头发
剃刀儿　剃头刀儿　刀子
推子
唤头招引理发的响器
理发　剃头
修面　刮脸
剃胡子　刮胡子
剃光头　剃葫芦头
　　剃和尚头
推平头
中分
偏分

洗头
槌背　槌背梁
放睡
明目　打眼
取耳　掏耳朵
择眉　择眉毛
澡堂　澡堂子
池汤　池子
盆汤　盆子
搓澡　擦背　搓背
修脚｜捏脚｜刮脚
手巾把子毛巾浸湿，供客擦手
　　脸用　手巾把儿　湿手巾
寿衣铺
估衣铺
裱糊铺　冥衣铺　纸扎铺
棺材铺
棺材　材　木头　方子
寿材生前预制的棺材
屠户
杀锅杀牛的铺子
杀猪｜宰羊｜宰牛　杀牛
肉铺　肉床子卖肉的铺子
　　肉案子
羊肉床子｜牛肉床子

贰拾　文化　教育

读书人　上学的　念书的　　义学　义塾
认字的　识字的　　　　　　私塾　私学
不识字的　文盲　睁眼瞎子　上私塾　念私塾　上私学
学校　学堂　洋学（堂）　　上学
上学校　上学堂　上洋学　　放学
招考　招生　　　　　　　　放假
报考　报名　　　　　　　　放伏假　放暑假
考场　试场　　　　　　　　放年假　放冬假
入场　进场　下场　　　　　家馆　家塾
喊号　唱号　　　　　　　　教馆　坐馆
考卷儿　卷子　考卷子　　　关书 聘私塾教师的聘书
交卷子　交卷儿　　　　　　束脩 送给私塾教师的薪水
交头卷儿　第一个卷儿　　　开蒙　启蒙
交白卷儿　　　　　　　　　蒙学　初学
评卷子　看卷子　　　　　　杂字 书名，下同
发榜　出榜　　　　　　　　增广
头名儿　第一名　　　　　　百家姓
末名　背榜　扛榜　　　　　千字文
　坐红椅子　　　　　　　　三字经
考取了　考上了　取上了　　幼学琼林
考掉了　没考上　没考取　　列举本地私塾常读的书名
　没取　没取上　落榜了　　念书　读书
毕业　卒业　　　　　　　　温书
文凭　证书　　　　　　　　背书

写大字　　　　　　　　笔头儿
写仿　　　　　　　　　笔尖儿　笔锋
仿纸　　　　　　　　　笔帽儿　笔套儿
描红　　　　　　　　　笔筒
起仿影儿　起格·子　　砚台　砚瓦　墨盘
　套格·子写　描　　　研墨　磨墨
临帖　写帖　　　　　　墨研熟了
判仿　批仿　　　　　　墨不熟，写起来˳泅
作文　做文章　　　　　墨盒儿
稿子　稿儿　　　　　　墨海
打个稿儿　起个稿儿　　镇纸　压尺
　打个草稿儿　　　　　墨汁毛笔用的
誊清　誊正　抄清　　　搌笔　搌墨　膏˳笔
涂了　勾了　抹了　　　墨水儿钢笔用的
改文章　改卷子　　　　蘸水儿
写白字　写别字　　　　灌水儿
掉字　漏字　　　　　　课堂　讲堂　教室
满分　一百分　五分　　讲台　讲坛
零分　鸭蛋　鸡蛋　鹅蛋　前排　第一排　头排
蘸水钢笔　钢笔　　　　后排　末一排　末排
钢笔尖儿　钢笔头儿　　教鞭
钢笔杆儿　　　　　　　黑板　粉板
自来水笔　水笔　钢笔　粉笔　粉条
毛笔　　　　　　　　　板擦儿　粉刷儿
大字笔｜小字笔　　　　石板
笔杆儿　　　　　　　　石笔

板书黑报上写的字　黑板字
讲义
课本
笔记本　笔记
分数册　记分册
点名册　名册
点名　有　到
起立　立正　敬礼
上课　上堂　上班
下课　下堂　下班
考试
小考｜月考｜大考｜期考
一点　点一个点儿
一横｜一直｜一竖｜一撇｜
　一捺｜一勾｜一挑
一画　一道儿　一笔
偏旁儿
立人儿（亻）单人旁
卧人儿（人）
双立人儿（彳）双人旁
四框栏儿（囗）大口
宝盖儿（宀）
秃宝盖儿（冖）
竖心旁（忄）竖心儿
反犬旁（犭）披毛边儿

犬犹儿
单耳刀儿（卩）
双耳刀儿（阝）耳朵旁
斜文旁（攵）反文儿
斜玉儿（王）
提土旁（土）提土儿
　挑土旁
竹字头儿（⺮）
火字旁（火）
四点（灬）
三点水儿（氵）
两点水儿（冫）
病旁儿（疒）病厦儿
　病字头儿
走之儿（辶）
绞丝旁（纟）乱绞丝儿
提手旁（扌）提手儿
　挑手旁　挑手儿
草字头（艹）草头儿
戒尺　手板　板子　戒方
打手心儿　打板子
罚站｜罚跪
逃学　赖学
请假　告假

贰拾壹　游戏

不倒翁　扳不倒儿　　　　　碰钱儿
　扳扳倒儿　　　　　　　　赶子儿　赶老窝　赶窝儿
风筝　纸鹞　纸鸢　　　　　豁拳　猜拳　猜枚（谜）
打˚㲻　　　　　　　　　　　　画枚（谜）
捉迷藏　蒙老瞎　打瞎子　　宝—对豁拳时的叫数，下同
藏老˳蒙儿　藏˳mər　　　　一品　一顶　一定恭喜
拔河　　　　　　　　　　　两相好　哥儿俩好　咱俩好
拍毛球　打毛蛋　　　　　　三鼎甲　三元　三桃园
踢毽儿　踢毽子　　　　　　四喜　四季发财
跳猴皮筋儿　跳皮筋儿　　　（五）魁首　五福临门
空˳竹音筑　空˳钟　空˳筝　　　　五子登科
抖空˳竹　抖牛儿　　　　　　六六大顺　六顺　六国丞相
抓子儿　抓羊拐子　　　　　七巧　七巧图
˳弹球儿　　　　　　　　　　八仙　八大仙　八仙庆
吹胰子泡儿　　　　　　　　　　八仙过海
吹咘咘噔儿　吹咘咘对儿　　九叩首　快发财　快到了
打水漂儿在水面上掷瓦片　　　　快
　打片儿拉　撒油儿　　　　十全十美　满福寿　满
占方五道方｜七道方　　　　　　全福寿　福寿全
蛤蟆跳井儿　　　　　　　　猜灯谜　打灯虎儿
走钉子儿　　　　　　　　　破枚（谜）　破谜儿 [mərˀ]
跳房子　起屋　跳间　　　　猜枚　猜谜儿
织拙　翻股　翻交　捉梭　　下棋
撇泥钱　　　　　　　　　　象棋｜棋盘｜棋子儿

河 棋盘上的界河
老将　将｜老帅
士｜相　象
车音居｜马｜炮
卒　卒子　小卒
ᵋ拱卒｜上马｜出车
支士　上士｜下士　落士
飞相　上相｜落相　下相
（拿士）士了
（拿相）相了
出老将ˀ　外老将ˀ
老将ˀ　舔了
ᵋ将　将军｜将死了
吃~一个小卒
蹬马~了　踩
打炮~过去
勒马车
马后炮　ᵋ重炮
虫咬心
围棋
黑子儿　白子儿
眼儿｜作眼儿
和了 下棋双方不分输赢　和棋
耍龙灯
耍旱船
打狮子　滚狮子

高跷　走跷　秧·歌
扭秧歌
抬阁
玩竹马
打花鼓（子）　花鼓戏
对棍｜对枪｜对刀
耍流星（槌）
五虎棍 四个打，一个挡
七节鞭　九节鞭
独脚戏　卧单·猴
　　耍钩儿立·子
傀儡戏　木偶戏
　肘ᵋ猴儿　木头人
小戏儿
大戏
越调
梆子
戏台　戏台子　戏棚
前台｜后台
戏箱
本头戏 正本戏　正戏
垫戏 正戏前垫演的
小戏
夜戏
开戏了　开台了
ᵋ煞戏了　散场了

加官
戏子 旧名　演员 新名
黑头　大花脸
二花脸　副净
丑儿　小花脸
老生｜小生｜须生｜武生
老旦｜小旦｜花旦
武旦　刀马旦
正旦　青衣
打旗的　跑龙套的
莲花落 [lauʔ]
ᴄ折跟头　栽跟头儿
　　翻跟头
打车轮子　打车·轮儿跟头
拿顶　独竖儿　倒ʔ立
变戏法儿　玩把戏
说书
唱唱儿
唱戏的
打十不闲九

打十番的
焰火（烟火）　放烟火
起·火　神矢箭　放起火
　　放神矢箭
花　放花
手花
炮仗　鞭炮　炮子
放炮仗　放鞭　放炮子
二踢脚　两响儿　双响儿
耗子屎　地老鼠
炮打灯儿
八角子
戏迷　戏迷子
棋迷　棋迷子
牌九儿　骨牌 记录有关的各种
　　词汇，并记音，下同
麻将
纸牌
掷色子
压宝　待宝

贰拾贰　动作

摇头　摆头
点头
抬头　仰头　仰面
　　仰起头　抬起头
低头　低下头
回头　转头　转脸
摇头晃脑
张嘴　张口饭来~，茶来张手
闭住嘴　合上嘴
努嘴　歪嘴
噘嘴　骨都嘴
脸ᒼ转过去　脸迈过去
脸红了
脸发白了
睁眼
瞪眼
吹胡子瞪眼睛生气
合上眼睛　闭住眼睛
挤眼儿
ᒼ转眼　迈眼眼往旁处看
转ᒾ眼　眼睛乱转
瞅眼　对眼两人相对，眼对眼，
　　不许眨，不许笑，看谁能持久
噙着眼泪　含韵母着眼泪

流眼泪　淌眼泪
耷拉着耳朵猪、狗等双耳下垂貌
支起耳朵听　支棱着耳朵听
举手
摆手　招手　摇手
撒手　放手　丢手
松手
伸手　抻手
动手开始　着手
动手打架：只许动口，不许~
拍手　鼓掌
背着手儿　背抄手儿
叉着手儿两手交叉
抄着手儿坐着
扒·拉
拨·拉
捂住~眼睛　掩住　盖住
摩抄用手~猫的背
掬用手托着向上
把屎｜把尿
扶着　搀着
掰指头算　掐指头算
　蜷指头数
弹指头

伸指头
攥起拳头
跺脚
跴脚
跷腿　跷脚
蜷腿
抖腿　摇腿　弹腿
踢腿
丢开腿　撒开腿　料开腿
跑腿
叉腰
弯着腰　猫着腰　拱着腰
弯腰　猫腰　拱腰
躶腰儿
伸腰　抻腰
撑腰支持
耸肩膀
c溜肩膀　搭拉肩膀
挺胸　挺起胸膛
搥背　搥脊梁
伸胳膊　肿胳膊
蜷胳膊
醒（鼻涕）　擤亨上声
打嚏喷　打嚏涕
打饱嗝儿　打嗝
打冷嗝儿　打嗝逗

蹲　跍就　骨·堆
盘腿坐　盘脚坐
摔了　跌了　绊倒了
爬起来　站起来　立起来
站着　立着
倒栽葱
猪啃地　狗啃地　狗吃屎
仰八脚
谈天　聊天　闲扯
　唠嗑儿　瞎聊　拍话儿
　摆龙门阵
搭碴儿　应声　搭声
不说话　不做声　不吭气儿
　不开口　不言声　不言语
待理不理　待搭不理
嚷嚷　叫喊
骗~人　哄~人　标~人
学对他~一遍　说
告诉　告诵　对……说
说悄悄话　咬耳朵
　打喳喳儿
找碴儿　挑衅
抬杠　辩　争嘴
顶嘴　争嘴
吵架　吵嘴　佮辇多指小儿
打架动手　打槌

骂破口骂 ᴄ噘 ᴄ謟 ᴄ卷
刀咕 刀唠 咕哝
ᴄ捱骂 ᴄ挨骂
ᴄ捱说 ᴄ挨说 ᴄ捱头子
　ᴄ捱申斥
吩咐 嘱咐 叮嘱
喊~他来 叫~他来
遇见 碰着 遇到 碰见
　碰到
施礼 行礼 敬礼
作揖
拜望 看 瞧
串门儿 串门子
拉近乎
招待 款待
担待①原谅：多~着②承当：~不起
巴结 奉迎 拍（马屁）
看得起 瞧得起 待·见
佮音鸽,下同 伙儿 合伙儿
佮伴儿
佮合他俩~的好 相处
惯 娇惯 娇养
迁就 牵就
敷衍
姑息
不依 答应

撵出去 赶出去 轰出去
放~桌子上 搁 摆
对酒里~水 掺
收拾（东西） 拾掇 归置
选择 挑选 挑选 拣
提起用手 提音低溜起来
　拎起
捡起来 拾起来 捉起来
擦掉 擦脱 擦落
（我的钢笔）丢了 掉了
　搞落了 打失了
遗失 丢了 掉了 打失了
　搞落了 落脱了
找着了 寻着了 找到了
　找见了
码起来 摞起来 堆起来
剩（下） 卯（下）
　一千刨去九百，还~一百
知道 晓得
懂了 明白了 懂得了
会了 学会了
恍然大悟 解[ɕie³]开了
认得
不认得 认不得
认~字｜~亲
盘算盘算 合计合计

掂量一下　掂掇一下　　　　盼望　盼　巴望
寻思寻思　想想　想一下　　巴不得　盼不得
估量　忖度　忖　估　　　　　　巴不能够儿
估约莫　　　　　　　　　　记·着不要忘　记住
猜想　揣测　　　　　　　　还记得没忘记　还记·着
动脑筋　　　　　　　　　　记住了已经记在心里
想主意　打主意　　　　　　忘记了　忘了
料定　看准　断定　　　　　想起来了
主张　　　　　　　　　　　眼红　眼热
相信　信　　　　　　　　　讨厌~这个人　不喜欢
怀疑　疑惑　疑心　　　　　　恶²诉
犹疑　迟疑　　　　　　　　讨厌苍蝇真~　可厌
打不定主意　没主意　　　　羡慕
留神　小心　留心　当心　　忌妒　妒忌
提心吊胆　　　　　　　　　怄气
害怕　怕　　　　　　　　　憋气
吃惊　　　　　　　　　　　生气　发火儿　发脾气
着慌　着忙　　　　　　　　爱惜~钱　心疼
手忙脚乱　手脚忙乱　　　　疼爱~小孩儿　疼　爱
着急　　　　　　　　　　　喜欢~看书|~写字　欢喜
操心　　　　　　　　　　　高兴　喜欢　欢喜
挂念　惦念　结记　惦记　　向　偏~谁,不向谁
　　记挂　牵记　　　　　　感谢　感激
放心　　　　　　　　　　　抱怨　埋是否音"瞒"怨
放心不下　放不下心

贰拾叁　位置

上头　上边　顶上　高头
　上面
下头　下边　底下　下面
左边　左面　左首
右边　右面　右首
中间　当间（儿）　当中
　当中间
里面　里头　里厢　里边
　里首
外面　外头　外厢　外边
　外首
前边　前面　前头　前首
后边　后面　后头　后首
旁边　侧边
附近　近处　左近
跟前　跟·干
　跟前儿 "前儿" 声调
什么地方　哪儿　啥地方
　啥场化
地·下　地·上
掉地·下了　掉地·上了
天上
山上
路上　道上

街上
墙上　墙高头
门上　门高头
桌儿上　桌子上　桌子高头
椅子上　椅子高头
手里｜腰里｜怀里｜嘴里
心里｜家里｜屋里｜房里
水里｜河里｜井里｜沟里
乡里　乡下｜城里
镇里　镇上｜市里　市上
野外
大门外　大门外头
门儿外　门外头
墙外　墙外头
窗户外头
东边　东面（儿）
西边　西面（儿）
南边　南面（儿）
北边　北面（儿）
东头（儿）｜西头（儿）｜
　南头（儿）｜北头（儿）
　注意"东头"和"东边"等的
　分别
望里走｜望外走

望东走｜望西走
望回走｜望出走
路东｜路西｜路南｜路北
路边儿
山前　山前头　山前边儿
山后　山后头　山后边儿
山东　山东边儿
山西　山西边儿
山南　山南边儿
山北　山北边儿
城东｜城西｜城南｜城北
城东南｜城东北｜城西南｜
　　城西北
车·上　车·里　车里头
车外　车外头
车前　车前头
车后　车后头
边儿上｜角儿上｜棱儿上｜
　　尖儿上｜尾巴上
家后｜房后｜门后
脑后｜背后｜屁股后

床底　床底下
楼底　楼底下
脚底　脚底下
碗底（儿）｜锅底（儿）｜
　　缸底（儿）｜鞋底（儿）｜
　　袜底（儿）｜心底（儿）
以前｜以后｜以先
以往｜以上｜以下
后来指过去
以后　今后　从今以后将来
从此以后不拘过去将来
　　从此之后
……以东　……以西
……以南　……以北
……以内　……以外
……以里　……以来
……之后　……之前
……之外　……之内
……之先　……之间
……之上　……之下

贰拾肆　代词等

我　吾　俺
你　侬
他　伊　渠
我们　我家　俺们　俺
咱们　咱
你们　你家
他们　他家
您 尊称"你"　你家
　　你老人家
恁 尊称"他"　他家
　　他老人家
大家　大伙儿
谁?　哪个?　谁个儿?
　　何个?　啥人?
谁们?
什么?　啥?　啥子?
甚?　么子?
们₁:
　　我们　你们　他们
　　咱们　谁们　人们
们₂:
　　爷儿们 ①父子②男子通称
　　娘儿们 ①母子②妇人通称
　　妯娌们　姑嫂们　师徒们

先生学生们　老师学生们
们₃(非人的名词):
　　这些个理儿们
　　那些个事儿们
　　桌子们　椅子们　书们
本方言是否有这类带"们"的词?
先生　先儿 称中医和私塾教师:
　　张先生　张先儿
　　王先生　王先儿
家:
　　娘家　婆家　姥姥家
　　男家　女家　丈人家
家(价):
　　整天·家　整年·家
家 [·kə] 常写作"各、格、葛":
　　张家庄　李家庄　王家庄
家:
　　(老)王·家 称姓王叫"王家"
　　(老)李·家　张·家
　　谁·家　谁·个
俩:
　　我们俩　咱们俩　你们俩
　　他们俩　夫妻俩　公母俩
　　娘儿俩　爷儿俩　爷孙儿俩

妯娌俩　姑嫂俩　婆媳俩
弟兄俩　哥儿俩　姐妹俩
姐儿俩　舅甥俩　姑侄俩
叔侄俩　师徒俩　主仆俩

·把：
个把两个　百把来个
千把人　万把块钱
里把路　里把二里路
亩把二亩

个：
今儿个　昨儿个　夜儿个
前儿个　明儿个　午时个

头儿加在动词后变名词：
　吃·头儿这个菜没~
　喝·头儿那个酒没~
　看·头儿这戏有个~
　干·头儿
　奔²·头儿

头儿加在形容词后，变名词：
　苦·头儿
　甜·头儿

贰拾伍　形容词

好这个比那个~些　强

不错颇好之意　不坏　不赖

　　不孬音"恼"阴平

不离　不大离　差不多

　　不坏　不赖　不错

不怎么样　不算什么

不顶事　不济事

坏不好　害　赖　孬

次人头儿很~｜东西很~　差

凑合　凑付　对付　将就

美　好看　漂亮　标致

　　指男女有无不同说法？

丑　难看

要紧　紧要　关紧

热闹　闹热

坚固　结实　牢

干净　净

肮脏　脏　鏖糟　龌龊

　　邋遢

咸　口沉　口重

淡不咸　白　甜　口轻

稀粥太~了　水　薄

稠粥太~了　糨　厚　干

稀少头发~　稀

稠密　密

肥指动物：鸡很~　胖　壮

胖指人　肥胖　壮

瘦不肥，不胖　瘶

瘦~肉　精~肉

舒服　美　好受　舒坦

　　安逸　适意

难过　难受　不好受　不

　　开心

麻烦　啰唆

腼腆　害羞　害臊

乖小孩儿真~　腼腆　安静

　　听话

顽皮　皮　调皮　不乖

（这小伙了）真行　真成

　　真沾

（那个家伙）不行　不成

　　不沾　不中用

缺德　刻·蹭[ˌkʰɣˑtsʰən]

　　缺

精　积灵　鬼

透溜　灵·巧

糊涂　二·糊愣睁

　　mu²·xu

心笨　心死　死心眼儿　　　　凸　鼓　突
脓包　㞞包　窝囊废　　　　　　凹　窊　坳
孬种　　　　　　　　　　　　　凉快　凉爽
吝啬　抠　悭音"悬"阴平　　　　背静　背
　　抠门儿　一毛不拔　　　　　活络不稳固　活动
吝啬鬼　老悭头儿　老悭儿　　　地道　道地　地地道道
小·气　小家·气　　　　　　　四·地①安闲②整齐
大·方　大·气　　　　　　　　称心　随心　如意　满意
整鸡蛋吃~的　囫囵　浑　　　　晚来~了　迟　晏
浑~身是汗　满　全

贰拾陆 副词等

刚 才 刚才 刚刚:
　我刚来,没赶上送他。
刚好 恰好 正好 恰恰:
　刚好十块钱,不多不少。
刚　正:
　不大不小,刚合适。
刚巧 碰巧 凑巧:
　刚巧两个人都在那儿。
净 光 只 就
　净吃米,不吃面。
有点儿:
　天有点儿冷。
　这个人有点儿懒。
　这事儿有点儿难办。
怕 也许 恐怕:
　他怕不在家吧。
　这人怕有五十多了。
　天怕要下雨了。
也许 兴许 或许 也兴:
　明天也许要下雨。
　他没来,也许有病了。
差点儿 险乎 吸乎儿:
　差点儿摔了。
　差点儿没摔了。

非……不 非……才:
　非到九点钟不开会。
马上 立刻 立马间:
　我一叫他,他马上就来了。
趁早儿 闻早 赶早:
　趁早儿走吧,再等怕晚了。
早晚随时:
　早晚来都行。
眼看 看看:
　眼看就到期了。
　今天二十五,眼看就到月底了。
幸亏 亏得 多亏:
　幸亏你来了,要不然我们就走错了。
当面 背地 背后:
　有话当面说,不要背地说。
一块儿 一路儿 一道 一起:
　咱们一块儿去。
一个人 自个儿 独个儿

自己：
  他一个人去。
顺便儿　就便儿　顺手
  带手儿：
  请他顺便儿给我买本书。
故意　成心　存心：
  故意捣乱。
  故意刁难。
到了儿　到老儿　到底
  究竟：
  他到了儿走了没有，你
  要问清楚。
压根儿　底根儿　根本：
  这事情他压根儿不知道。
实在　真　的确：
  这人实在好，不是我夸
  奖他。
平三十　平四十接近四十：
  这人已经平四十了。
一共　总共　共总　统共：
  他们一共才十个人。
不要　别　白：

慢慢儿走，不要跑！
白不要钱：
  白吃　白看
白　空：
  白跑一趟，没见着人。
  白费事，白花钱。
偏　偏偏儿：
  你不叫我去，我偏去。
胡　瞎　乱：
  胡搞　瞎搞　乱搞
  胡来　瞎来　乱来
  胡说　瞎说　乱说
  胡吃　瞎吃　乱吃
先　头里：
  你先走，我随后就来。
先　先头儿　起先　以先：
  他先不知道，后来才听
  人说的。
另外　格外：
  另外还有一个。
  另外再做一个吧，不要
  这个了。

贰拾柒 次动词等

被 教 让 给：
  茶杯被他打破了。
  他被疯狗咬了一口。
把 给：
  把门关上 把窗户打开
  把他叫来
对 跟 和：
  你对他好，他就对你好。
对着 冲着 向着：
  他对着我直笑。
到 望声调 上：
  到哪儿去？ 到城里去。
到 顶：
  到哪天为止？
  到月底就完工了。
到 在 得：
  扔到水里 走到院里
头：
  头吃饭，先洗手。
  头下雨，先闷热。
  头鸡叫，就起床。
  头他来，你先去。
在 挨 待：
  在哪儿住家？

在黑板上写字。
从 打 由 解 顺：
  从哪儿走？从这儿走。
  从哪天起？从明天起。
照 依照 按着：
  照这样做就好。
照 叫 据 依：
  照我看，并不算错。
使 拿 用：
  你使毛笔写，我使钢笔写。
顺着 沿着：
  顺着这条大路一直走。
顺着 靠着 旅着：
  顺着河边儿走。
替 代 给 帮：
  你替我写封信。
给 替 跟 为²：
  给大家办事。
给 可有可无的：
  茶杯叫他给打破了。
  他把门给关上了。
给我 虚用，加重语气：
  你给我吃了这碗饭！

你给我走!

和　跟　同:
　　这个和(不和)那个一样。

向　跟　同:
　　向他打听一下。

问　跟　向:
　　问他借一本书。

管……叫　把……叫:

有些地方管白薯叫山药。

拿……当　把……当:
　　有些地方拿麦秸当柴烧。

从小　自小　起小　自幼:
　　他从小就能吃苦。

望声调外　上外　向外:
　　老王钱多,不望外拿。

贰拾捌　儿化举例

[a　ai　an+ər]

腊八儿　科班儿　葱白儿_{大葱的茎部}　两半儿
老伴儿　刀把儿　牌儿　　盘儿　　钮攀儿
戏法儿　被单儿　小摊儿　花篮儿　肝儿
门槛儿　壶盖儿　小孩儿　树杈儿　瓶塞儿

[ian　ia+ər]

靠边儿　小辫儿　相片儿　鞋面儿　一点儿
灯捻儿　门帘儿　尖儿　　前儿_{前天}　馅儿饼
老腌儿　狗牙儿　豆芽儿

[uan　ua　uai+ər]

打短儿　香瓜儿　小官儿　茶馆儿　小罐儿
小褂儿　花儿　　一块儿　黄花儿鱼　瓜蔓儿

[yan+ər]

铺盖卷儿　圈儿　手绢儿　鞋楦儿　汤圆儿

[ən　ei　ʅ　ʅ+ər]

镩儿头　小本儿　小力笨儿　刀背儿　后门儿
破谜儿　解闷儿　根儿　　　擦黑儿　别针儿
树枝儿　姜汁儿　小吃儿　　侄儿　　花生仁儿
刀刃儿　枪子儿　瓜子儿　　八字儿　肉丝儿

[i　in+ər]

针鼻儿　蒸笼儿　小米儿　鞋里儿　今儿_{今天}
几儿_{何时}　使劲儿　喘气儿　菜心儿　凉席儿
姨儿　　玩艺儿　手印儿

[y+ər]
仙女儿　　毛驴儿　　驴驹儿
[uən　uei+ər]
门墩儿　　冲盹儿　　村儿　　麦穗儿　　牌位儿
[ɣ+ər]
哥儿俩　　唱歌儿　　打嗝儿　　大个儿　　鸡蛋壳儿
蛾儿　　　逗乐儿　　小车儿　　咬舌儿　　小舌儿
[o+ər]
老婆儿　　冒沫儿
[uo+ər]
白果儿　　小锅儿　　烟袋锅儿　　驴骡儿　　小骡儿　　昨儿　　被窝儿
[ie+ər]
碟儿　　姐儿俩　　姐儿们　　爷儿们　　芭蕉叶儿
[ye+ər]
橛儿
[u+ər]
胸脯儿　　手指头肚ˀ儿　　小兔儿　　糖葫芦儿　　煤核儿　　破五儿
[au+ər]
蒲包儿　　棉袍儿　　小猫儿　　过ˤ道儿　　桃儿
鞭梢儿　　饭杓儿　　枣儿
[iau+ər]
当票儿　　土地庙儿　　面条儿　　水饺儿
[ou+ər]
兜儿　　豆儿　　小偷儿　　老头儿　　钩儿　　袖口儿　　钮扣儿
[iou+ər]
抓阄儿　　煤球儿

[aŋ+ər]

药方儿　跑堂儿的饭铺的伙计　小账儿　瓜瓢儿
烟缸儿

[iaŋ+ər]

娘儿姑姑　鞋样儿

[uaŋ+ər]

鸡蛋黄儿　碌·床儿

[əŋ+ər]

蹦蹦儿戏评剧　碰儿打麻将术语　蜜蜂儿　门缝儿　豵儿[tsə̃r˅]公猪

[iŋ+ər]

花瓶儿　小名儿　打鸣儿公鸡报晓　肉丁儿　鸡蛋清儿　杏儿

[uŋ+ər]

赌东儿　门洞儿　袜筒儿　虫儿　小葱儿

[yŋ+ər]

小狗熊儿

贰拾玖　量词

一把：~椅子　~壶　~刀　~剪子　~笤帚（炊帚）
　　　~锁（钥匙）

一本：~书

一笔：~款　~账　~钱

一匹：~马　~骡子　~牲口

一封：~信　~公文

一服　一剂：~药

一道：~河、沟、印儿　~题　~菜（点心）　~儿（一画儿）

一顶：~帽子　~轿子

一锭：~墨

一档子：~事（一件事）

一朵：~花儿　~玫瑰

一顿：~饭　~打　~骂　~申斥

一条：~手巾　~腿　~板凳　~裤子　~鱼　~路　~命
　　　~绳（一根绳）　~牛（一头牛、一个牛）
　　　~线（一根线）　~沟　~河　~粉笔

一辆　一挂　一部：~车

一子儿：~香　~挂面　~线

一枝：~花儿　~毛笔　~枪

一只：~手　~胳膊　~脚　~腿　~眼　~船　~鞋
　　　~袜子　~手套　~鸡　~鸭子

一盏：~灯

一张：~桌子　~纸　~画儿（一幅画儿）
　　　~（地）图　~单子　~席（一领席、一条席）

　　　　～枕　～犁（一把犁）　～票　～嘴　～皮
一桌：～酒席（席菜）　～客
一场：～雨（一阵雨、一丈雨）　～病　～大祸　～戏
一出：～戏
一床（条）：～被子（一双被子）　～毯子　～毡子　～褥子
一身：～棉衣　～制服
一杆：～枪　～称
一管：～笔（一杆笔、一支笔）
一根：～头发　～毛　～棍　～筷子　～绳子　～线　～簪子
一棵（一窝）：～树（松树、柏树……）　～白菜
　　　　　　～玫瑰花（菊花、牡丹……）
一颗：～米　～珠子　～粮食
一粒：～米　～饭　～沙子
一块：～砖　～瓦　～土坯　～石头　～布
　　　～手巾（手绢）　～馒头（窝头、白薯……）
　　　～肉（豆腐）　～钱　～墨（一锭墨）
一口：～猪　～缸　～锅　～井（一眼井）
　　　～棺材　～钟大的　～气　～饭　～水
一口儿：～人
两口儿　两口子
一架：～飞机　～机器　～柁
一间：～屋子　～房
一所：～房子　～宅子
一件儿：～衣裳（大褂、小褂、棉袄）　～事
一行：～字　～树
一篇：～文章　～稿子

一页：~书　~文章
一节：~文章　~故事　~竹子
一段：~文章　~故事　~路
一片：~好心　~敬意　~景致　~雪
一片儿：~肉　~姜
一面：~旗　~镜子
一层：~纸　~布　~纱
一股：~香味　~臭气　~气
一座：~桥　~山　~塔
一盘：~棋（一局棋）~钢丝
一门：~亲事
一刀：~纸
一桩：~事情
一缸：~水　~酒　~醋　~油　~鱼
一碗：~饭　~水　~米　~汤　~菜　~肉
一杯：~茶　~水　~酒
一把：~米　~土
一把儿：~萝卜　~芹菜
一包：~药　~花生
一卷儿：~东西　~纸
一捆：~行李　~麦秸　~草
一担：~谷子　~米
一担²挑连襟　一条椽　一条杠
一排：~桌子　~椅子　~座位
一进　两进：~院子
一挂：~鞭炮

一犋牛两头叫一犋：~牛
一句：~话　~句子　~书
一位：~客人　~同志
一双：~鞋（一对鞋）　~袜子　~筷子
一对：~花瓶　~蝴蝶　~鸳鸯　~夫妇　~（对）虾
一副：~眼镜　~手套（一双手套）　~镯子　~牌　~对子
一套：~书　~家具　~衣服（一身衣服）　~方法
这宗　这种：~人　~事情　~东西　~衣裳　~虫子
老一套　老样儿
一伙儿　一帮　一干　一干子
一批　一拨儿
一事　一事儿　一个鼻孔出气
一干子一个人
一行伙
一起子
一窝：~蜂　~狗　~猫
一嘟噜如葡萄　一姑·抓
一拃 [ᶜtʂa]（长）大拇指与中指张开的长度
一虎口（长）大拇指与食指张开的长度
一庹 [ᶜt'uo]（长）两臂平伸两手伸直的长度
一指（长）
一停儿　一成儿　一勾儿：
　三停儿去了一停儿，还剩两停儿
一脸满脸：~土　~汗　~怒气
一身满身：~土　~汗　~劲
一肚子满肚子：~气　~牢骚　~学问　~本事　~歪主意

一顿：吃~ 打~ 请~ 骂~
一趟（次，回）：走~ 去~ 来~
一下：打~（打一记）看~ 敲~
一眼：看~ 瞅~ 瞧~
一口：吃~ 喝~ 尝~
一会儿声调：谈~ 坐~ 歇~ 混~
一阵：下~雨 刮~风
一场：笑~ 闹~ 斗~
一面：见~ 会~

叁拾　数字等

一号　初一　老大　大哥　　一个　　　　　　　第一　第一个（头一个）
二号　初二　老二　二哥　　两个（俩、么么）第二　第二个（二一个、第二一个）
三号　初三　老三　　　　　三个（仨、仨么）第三　第三个（三一个、第三一个）
四号　初四　老四　　　　　四个（四阿）　　第四　第四个（四一个、第四一个）
五号　初五　老五　　　　　五个（五阿）　　第五　第五个（五一个、第五一个）
六号　初六　老六　　　　　六个（六阿）　　第六　第六个（六一个、第六一个）
七号　初七　老七　　　　　七个（七阿）　　第七　第七个
八号　初八　老八　　　　　八个（八阿）　　第八　第八个
九号　初九　老九　　　　　九个（九阿）　　第九　第九个
十号　初十　老十　　　　　十个（十阿）　　第十　第十个
　　　　　老么　老末儿　十一个
一来……　二来……

一	十一	二十一	三十一	四十一	五十一	六十一	七十一	八十一	九十一
二	十二	二十二	三十二	四十二	五十二	六十二	七十二	八十二	九十二	二百
三	十三	二十三	三十三	四十三	五十三	六十三	七十三	八十三	九十三	三百
四	十四	二十四	三十四	四十四	五十四	六十四	七十四	八十四	九十四	四百
五	十五	二十五	三十五	四十五	五十五	六十五	七十五	八十五	九十五	五百
六	十六	二十六	三十六	四十六	五十六	六十六	七十六	八十六	九十六	六百
七	十七	二十七	三十七	四十七	五十七	六十七	七十七	八十七	九十七	七百
八	十八	二十八	三十八	四十八	五十八	六十八	七十八	八十八	九十八	八百
九	十九	二十九	三十九	四十九	五十九	六十九	七十九	八十九	九十九	九百
十	二十	三十	四十	五十	六十	七十	八十	九十	一百	一千

一百一十（一百一）　一百一十个　一百一十一（一百十一）　一百一十二（一百十二）　一百二十（一百二）　一百三十（一百三）　一百五十（一百五）　一百五十个　二百五十（二百五）　二百五傻子　二百五十个　三百一十（三百一）　三百三十（三百三）　三百六十（三百六）　三百八十（三百八）

一千一百（一千一） 一千一百个 一千九百（一千九）
一千九百个 三千 五千 八千
一万 一万二千（一万二） 一万二千个 三万五千（三万五）
三万五千个

零：

一百零一 一百零九 一千零二 一千零两个
第一千零二个 一千零二十 一万零二 一万零二十
一万零二百

二、两：

二斤（两斤）　　　二斤半（两斤半）　　二两
二钱（两钱）　　　二分（两分）　　　　二厘（两厘）
两丈（二丈）　　　二尺（两尺）　　　　二寸（两寸）
二分（两分）　　　两丈二（二丈二）　　二尺二（两尺二）
二寸二（两寸二）　二里（两里）　　　　两担（二担）
二斗（两斗）　　　二升（两升）　　　　二合（两合）
两项（二项）　　　二亩（两亩）　　　　一百二十（一百二）
一百二十个　　　　二百（两百）　　　　二百二十（二百二）
二百二十个　　　　两千（二千）　　　　两千二百（两千二）
两千二百个　　　　两千二百二十（两千二百二）
两万（二万）　　　两万二千（二万二千，两万二，二万二）
两万二千二百（两万二千二，两万两千二百，两万两千二）

几：

几个？　好多个？　几个"几个"和"几个？"有无语音上的区别？
十几个　二十几个　三十几个　五十几个　九十几个
几十个　几百个　几千个　几万个　几十万个

好：
　　好几个　　十好几个　　好些个　　好多个　　好两个
　　好几十个　一百好几十个　好几百　　好几千　　好几万

些：
　　一些些两个"些"字有无语音上的区别？　好一些　大一些

点、滴：
　　一点儿　一点点　一滴　一滴儿　好点儿　好滴
　　大点儿　大滴

眼声调：
　　一眼　一眼眼　好眼　高眼

多：
　　十多个　　二十多个　三十多个　六十多个　九十多个
　　一百多个　两千多个　三万多个

来：
　　十来个　　一百来个　百来十个　百十来个　一千来个
　　五千来个　两万五千来个

数：
　　千数个　万数个

把：
　　百把个　千把个

约数：
　　一两个　　两三个　　三两个　　三四个　　四五个
　　五六个　　六七个　　七八个　　八九个　　八九十来个
　　三五个　　五七个　　一二十个　二三十个　三五十个
　　五七十个　二三百个　三四百个　五六百个　八九百个
　　一两千个　两三千个　五六千个　八九千个　一两万个

三四万个　　三万五万　　十万八万　　百儿八十　　千儿八百
万儿八千　　千百万　　　千千万万　　万万不可以　千万不可以

半：

半个　　　　半拉　　　　一半　　　　一半儿　　　两半儿
多半儿　　　多一半儿　　一多半儿　　一大半儿　　一个半
一半个　　　两个半　　　俩半　　　　二百半　　　二百五
一星半点儿　半斤　　　　斤半　　　　一斤半　　　一半斤
一斤半斤　　二斤半　　　二亩半　　　二斗半　　　二里半
……上下　　……来往　　……左右　　……之谱：
五千上下　　一万上下

倍：

一倍　　两倍　　二倍　　双倍　　三倍　　四倍　　五倍　　十倍
一百倍　一千倍

成儿：

一成儿　　一停儿　　两成儿　　两停儿　　三成儿　　三停儿
四成儿　　四停儿　　八成儿　　八成大约　八九成　　十成
十成十

分数：

二分之一　　三分之二　　五分之三　　十分之九　　十之八九
百分之百　　千分之一　　万分之一

成：

成百　　成千　　成万　　成千成万

上：

上百　　上千　　上万

乘法：

一二得二　　　一二如二　　　二二得四　　　二二如四

三四十二　　　三七二十一（不管三七二十一）
三八二十四　　四七二十八
五八四十（来了五八，不来四十来不来都一样）
八八六十四　　九九八十一

成语：
　　一来二去　　一清二白　　一清二楚　　一干二净　　一差三错
　　一刀两断　　一举两得　　三番五次　　三番两次　　三年二年
　　三年两年　　三年五载　　三天两头　　三天两早起　三天两夜
　　三长两短　　三言两语　　三心二意　　三心两意　　三三两两
　　四平八稳　　四通八达　　四面八方　　四邻八舍　　四时八节
　　五零四散　　五湖四海　　五花八门　　七上八下　　七颠八倒
　　颠七倒八　　乱七八糟　　七乱八糟　　乌七八糟　　七长八短
　　长七短八　　七拼八凑　　七手八脚　　七嘴八舌　　七言八语
　　千辛万苦　　千真万确　　千军万马　　千人万马　　千变万化
　　千家万户　　千门万户　　千言万语

干支、属相：
　　甲　乙　丙　丁　戊　己　庚　辛　壬　癸
　　子鼠　丑牛　寅虎　卯兔　辰龙　巳蛇
　　午马　未羊　申猴　酉鸡　戌狗　亥猪

叁拾壹　语法

语序　比较　例句　了　着　得　的　后加成分　前加成分

以下各条例句都要请发音合作人翻成本地话，并且记下音。

这句话用＿＿话怎么说？（填本地地名，本地音）

语序：

我应该来不应该？（我应该不应该来？　我应不应该来？）

他愿意说不愿意？（他愿意不愿意说？　他愿不愿意说？）

你打算去不打算？（你打算不打算去？　你打不打算去？）

你能来不能？（你能不能来？　你能来不能来？）

他敢去不敢？（他敢不敢去？　他敢去不敢去？）

还有饭没有？（还有没有饭？　还有饭没有饭？）

你到过北京没有？（你到过北京没有到过？　你有没有到过北京？）

（这事情）他知道不知道？（他知道[ᶜ倒]知不ᶜ倒？　他知不知道？）　他不知道。（他知不ᶜ倒。）

他晓得不晓得？（他晓得晓不得？　他晓不晓得？）他不晓得。（他晓不得。）

（这个字）你认得不认得？（你认得认不得？　你认不认得？）　我不认得。（我认不得。）

你还记得不记得？（你还记得记不得？　你还记不记得？）

比较：

这个大，那个小，这两个东西哪个好一点儿呢？

这个比（庀、秉）那个好。（这个比那个强。　这个好过那个。　这个强似那个。）

今天比（庀、秉）昨天好多了。　明天比今天还要好。

那个没有（不如、不及、不跟）这个好。　这些房子没有（不如、不及、不跟）那些房子好。

这个有那个大没有？（这个有没有那个大？）　这个跟（和、同）那个一般大（一样大、一样大小、大小一样）。　这个跟（和、同）那个不一样（两样、不同）。

这个人比那个人高，可是没有那个人胖。

这群孩子像猴儿是的（似的、一样、一般），到处乱爬。

例句：

你贵姓？　我姓王。　你姓王，我也姓王，咱们两个人都姓王。

（有人敲门）谁呀？（哪个呀？　谁个呀？）　我是老王。

老张呢？　老张还在家里呢。

他在干什么呢？　他在吃着饭呢。（他正在吃饭呢。　他吃着饭呢。）

他还没有吃完（说完）吗？　还没有呢。　大约再有一会儿就吃完（说完）了。

他说就走，怎么这半天了还没走呢？

他正在那儿跟一个朋友说着话呢。

你上哪儿去？　我上街去。　你多会儿去？（多晚儿去？多咱儿去？）　我说话（马上）就去。

你去干什么去？　我去买菜去。　你先去罢，我们等一会儿再去。

好好儿的走！　不要跑！　小心跌下去爬也爬不上来！

你告诉他（你对他说，你对他讲）不在那儿，也不在这儿。到底是在哪儿呢？

怎么办呢？（咋办呢？　咋整呢？　咋个整呢？）　不是那么办，是要这么办的。

要多少（好多）才够呢？　太多了，要不了那么多，只要这么多就够了。

不管怎么忙，也要好好儿学习。

他今年多大岁数？　也不过三十来岁罢。

这个东西有多重呢？　怕有五十多斤重罢。

给我一本书！（给本书我！　把本书我！）我没有书嚜。

饭好了，快来吃来罢（快来吃罢，快吃来罢）。

锅里还有饭没有？　你去看一看去。　我去看了，没有了（没了，没得了）。

吃了饭要慢慢儿的走。不要（别、白）跑！　没关系（百不咱儿，没什么，没啥子，不碍事，不碍）。

来闻闻这朵花儿香不香！　香得很，是不是？

你是抽烟呢，还是喝茶？　（你是抽烟啊，是喝茶？　你抽烟啊，是喝茶？）

烟也好（也罢），茶也好（也罢），我都不喜欢。

医生叫你多睡一睡。　抽烟或者喝茶都不行。

不早了，快去罢！　这会儿还早着呢。　等一会儿再去好罢。吃了饭再去好不好？　吃了饭再去就来不及了（不赶趟儿了）。

不管（不论）你去不去，反正（横竖，横直）我是要去的。

你爱去不去。　你爱去就去，不爱去就不去问有无"爱信不信，爱听不听"一类说法。

我非去不可！　我非得去！　我非去不去！

咱们一边儿走一边儿说。（一头走，一头说。　只管走，只管说。）

说了一遍，又说了一遍。　请你再说一遍。　越走越快，越说越多。

这东西好是好，可是太贵。　这东西贵是贵，可是结实。
他在哪儿吃的饭？　他(·是)在我家家里吃的饭。
真的吗？　真的，他是²在我家家里吃的饭。
昨天通知六点起床，我五点半就起来了，你怎么七点才起来？
三四个人盖一床被　一床被盖三四个人
一个大饼夹一个油条　一个油条夹一个大饼
两个人坐一张凳子　一张凳子坐两个人
一辆车装三千斤麦子　三千斤麦子装一辆车
一辆车装不了三千斤麦子_{车子小，麦子多}　三千斤麦子装不了一辆车_{车子大，麦子少}
十个人吃一锅饭　一锅饭吃十个人
十个人吃不了这一锅饭_{饭太多}　这锅饭吃不了十个人_{饭不够}
小屋子堆东西，大屋子住人。　这屋子住不下十个人。
东房没有住过人。　这毛驴儿拉过车，没骑过人。
这匹小马儿没有骑过人，你小心点儿骑。　我坐过船，没骑过马。

了：

他吃了饭了，你吃了饭没有呢？　我喝了茶了还渴。
我吃了晚饭，溜达了一会儿，后来回来就睡下了，作了(梦见)个梦。
我照了相了　我照相了　我照了一张相 "我照了相"能否单独说？
有了人，什么事都好办。
不要把茶碗砸了！　吃了这碗饭！　把这碗饭吃了！
下雨了　雨不下了　天要晴了
请了一桌客人　逃了两次　打了一下　去了一趟
迟了就不好了，咱们快点走吧！

好得不得ᶜ了　坏得不得ᶜ了　ᶜ了不得　可ᶜ了不得

三天里头做ᶜ了（老）做不ᶜ了（老）　你办不ᶜ了（老），我办得ᶜ了（老）能办到。

你骗（哄、冤）不ᶜ了（老）我。

了·了这桩儿事再走。

着：

他们正在说着话呢。

桌上放着一碗水。　门口站着一群人。

坐着吃好，还是站着吃好？　想着说，不要抢着说。　说着说着，笑起来了。　大着胆子说罢！

这个东西重着呢（沉着呢）。　他对人可好着呢。　这小伙子有劲着呢。

站着！　路上小心着！　等我想一想着！

雪一ᶜ着地就化了。

睡ᶜ着了　ᶜ猜ᶜ着（见）了　担ᶜᶜ着了　担ᶜ真了

ᶜ猜（得）ᶜ着（见）猜不ᶜ着（见）　担ᶜ（得）ᶜ着（真）担不ᶜ着（真）　ᶜ着火了　点ᶜ着了

ᶜ着（招）凉了　甭ᶜ着（招）急，慢慢儿的来。

——·着·呢（·的·了）表示正做什么或夸大

我正在这儿找·着呢，还没找ᶜ着呢。　我正在这个儿寻·的了，还没拉家寻ᶜ着了。

厉害·着呢（·的了）　有钱·着呢（·的了）　阔·着呢（的了）　好看·着呢（·的了）

得：

这些果子吃得吃不得？　这是熟的，吃得。　那是生的，吃不得。

（你们）来（得）了来不了？　我没事，来得了。　他太忙，来不了。

这个东西很重，拿得动拿不动？　我拿得动，他拿不动。真不轻，重得连我都拿不动了。

他手巧，画得很好看。　我手笨，画得不好看。

他忙得很，忙得连饭都忘了吃了。　看他急得，急得脸都红了。

你说得很好，你还会说点儿什么呢？

（做）得了　（做）好了

挺得意　挺得法

说得说不得问可否　他说得快不快问情况　他说（得）快说不快问能力

丢得街上了　搁得桌子上了　掉（跌）得地上了指人或物悬空落下

甭（别）走了，住得我家（家）里吧！

的：

这是他的书。　那本书是他哥哥的。　桌子上的书是谁的？是老王的。

屋里坐着很多的人，看书的看书，看报的看报，写字的写字。
　　　　　　　　（有的看书，有的看报，有的写字。）

这个合作社，谁的主任？　老王的主任，小张的副主任。

要说他的好话，不要说他的坏话。

上次是谁请的客？　是我请的。　你是哪年来的？　我是前年到的北京。

你说的是谁？　我不是说的你。　他那天是见的老张，不是见的老王。

只要他肯来，我就没的说了。　从前有的做，没的吃。　现在有的做，也有的吃。

三个的五个是八个。　一千的两千一共三千。

不管风啊雨的，一个劲儿干。　上街买个葱啊蒜的，也方便。

伍的　什么的：

柴米油盐伍的，都有的是。　写字算帐伍的，他都能行。

后加成分：

—极了　好极了　热极了　冷极了　气人极了　头疼极了
　　　　糟心极了　有趣极了　有意思极了　有钱极了
　　　　有本事极了

—的很（的太　的极　之极）　好的很　热的很　冷的很
　　　　气人的很　头疼的很　糟心的很　有趣的很
　　　　有意思的很　有钱的很　有本事的很

—要命（要死）　热的要命　热的要死　冷的要命
　　　　冷的要死　难的要命　难的要死

—不行　热的不行　冷的不行　怕的不行

—死了（死人　坏了）　舒服死了　舒服坏了　高兴死了
　　　　高兴坏了　热死了　热死人　冷死了　冷死人
　　　　气死了　气死人

—不了（不得了）　忙个不了　忙个不得了　忙的不了
　　　　忙的不得了

—的慌（亨、夯）　憋的慌　热的慌　冷的慌　闷的慌
　　　　痒的慌　晒的慌　气（人）的慌　急（人）的慌

—拉瓜（巴）唭的　傻拉瓜（巴）唭的　俵拉瓜（巴）唭的
　　　　烂拉瓜（巴）唭的

—不愣登的　傻不愣登的　花不愣登的

—不唭的（不唭唭的）　黄不唭的　红不唭的　酸不唭的
　　　　咸不唭的

最……不过　最好不过　最毒不过（长虫、蝎子）
　　　　　最香不过（玫瑰花儿）

前加成分：

帮——　帮硬　帮紧　浜硬

胖 [$_cp'aŋ$] ——　胖臭（䐚臭）　胖酸　胖苦　胖涩

飘——　飘轻

溜——　溜ˀ光

蹭——　蹭ˀ亮

死——　死慢　死磨　死笨　死重　死沉　死赖　死难
　　　死不要脸　死不愿意　死等：坐下死等　死偬ˀ
　　　死懒

斩——　斩平　斩齐　斩新

生——　生疼：天真冷，手冻的生疼。

䐚 [$_cxou$] ——　䐚咸　䐚热　䐚甜

焦——　焦干　焦黄

精——　精瘦（焦瘦）：这孩子精瘦焦黄，一定有病。
　　　精稀：糨子精稀，不黏。
　　　精淡：盐放得少了，精淡。　精湿（黢湿　焦湿）

黢——　黢黑漆黑

稀——　稀碎：玻璃打得稀碎　稀脆　稀酥　稀糟　稀烂
　　　稀松（精松）：稀松平常

倍儿——　倍儿新　倍儿棒

怪——　怪好　怪甜　怪羞　怪害臊　怪不好意思

老——　老大　不老大　老高　老热　老狠

（原载《方言》1981 年第 3 期）

昌黎方言调查及其方言志编写出版的意义*

一、昌黎方言调查与方言志

一九五九年春天,我们对昌黎县方言做了一番调查。这次调查主要是为正在编纂的《昌黎县志》准备本县语言方面的材料。因为县志篇幅有一定的限制,所以把这次调查的材料整理成详略两本。详本就是这本《昌黎方言志》,单独出版。略本是将来编在《昌黎县志》里头的方言部分。

调查分成两个阶段。第一阶段是重点调查,一共调查了五个点:

(1)昌黎城关

(2)张家石门(城关西约30公里)

(3)朱建坨(城关东北约15公里)

(4)曹东庄(城关东北约25公里)

(5)陈官屯(城关西北约33公里)

每点记录三千多个单字音,五六千条词和词组,一百多条语法例句。此外还搜集了一些故事、谚语、歇后语、谜语等。

第二阶段是简单调查,一共调查了一百九十三点,每点只调查一些昌黎内部有差别的条目,是为绘制方言地图用的。编写的时候,又补充了一些昌黎城关的材料。

这本《昌黎方言志》现在出版还有一个比较广泛的意义。从

---

* 本文第一节节选自《昌黎方言志》第一章"导言";第二节是《昌黎方言志》出版后,丁声树先生写的对该书编写意义的说明,未曾发表。

一九五六年开始的全国汉语方言普查现在已经接近完成。在这个普查的基础上还要开展更进一步的调查研究。我们希望这本《昌黎方言志》可以供各地汉语方言深入调查的参考。

本书第七章里头所收的谚语，大都是人民口头流传已久的，不尽和今天的情况符合。第八章词表里头也有一部分词语是反映旧社会的风俗习惯的。为了保存语言事实，也不排斥这类材料。第八章词表里头还收了一些解放（1949年）以来的新词新语。这些词语大都是全国一致，不是一地方言所特有，可是已经在人民的语言中生了根了，所以也斟酌选录一部分示例。

二、《昌黎方言志》的编写意义

一九五九年春天，语言研究所第二组（共十二个人）到河北省昌黎县调查方言。工作前后共进行了五个月。在党组织的支持和群众的帮助下，写出了《方言志》（四十万字左右）。

全书共分八章：第一章 导言，谈工作目的和经过，昌黎地理人口概况，音标符号说明；第二章 昌黎方言的南北两区，谈南北两区的差别，附方言地图十二张（包括一张综合图）；第三章 昌黎方言的特点，对昌黎方言的语音、语法、词汇的某些特点进行分析；第四章 昌黎音的分析，附单字音表；第五章 昌黎同音字表；第六章 昌黎音与北京音的比较；第七章 昌黎话标音举例；第八章 昌黎分类词表，有昌黎词概说和分类词表凡例，附分类词表。

这部书的编写，有它一定的成绩和意义。

一、在调查、研究方法上，改变了过去厚古薄今、脱离实际的一些做法。注意贯彻以下四个原则，即：到当地做好充分准备；从口语出发；尽可能进行实地调查；边调查边整理。这样做很有好处：第一，在调查之前，找一些熟悉昌黎方言的本地同志，了解一下昌黎方言突出的特点和分歧情况，对它进行深入的调查；第二，不受一些调查表格的限制，能够比较深入地了解这个方言的各种特有现象；第三，可以选择比较合适的发音合作同志，如果需要，还可以多请一些当地同志帮助，又可以在当地搜集更多可靠的材料；第四，可以随时发现问题，及时核对，及时解决。

二、内容比较全面，材料比较丰富。过去的一些方言的专著，大都偏重语音方面，忽略了词汇和语法。调查点数很少，材料也不多。这样来研究一种方言既不全面，也不很可靠。这次除了对五个代表点进行深入调查以外，还选了一百九十多点作为一般了解。从前面对本书内容的介绍，可以看出在这部书里，词汇、语法所占的分量不少。共收了六千多条词汇，二百多条语法例句，还有一部分口语材料，如新诗、谚语（俗语）、儿歌、歇后语（俏皮话儿）、谜儿、绕口令（咬口令）、故事（瞎话儿）等。

三、方言地理在我国还是一门新的尚未很好建立的语言科学。方言地图在过去的一些方言专著里也很少见到，只有前中央研究院历史语言研究所编的《湖北方言调查报告》中有一些，但它还是比较粗略的。这部书里的十几张方言地图，不仅使读者可以很清楚地看出昌黎方言的的分区，及其某些特点，而且还可以给汉语方言地理学提供一点参考。

四、在分析声调方面，突破了单字音调的限制，依靠大量口语材料，经过反复调查、核对以后，把阳平乙和阳去作为本调来处理，这还是新的尝试。过去像这种情况，都认为它是变调。在研究昌黎方言的语法和词汇的时候，把它们跟普通话加以比较，并且发现了两种"了"字分别读成"嚼""咧"以及两个"没"字的差别，还有动词儿化的功用等特殊现象，这都给研究汉语提供一些参考资料。

五、从总的方面说，这部书的编写，在方言研究方向和方法上的一些新的尝试，可以作为深入研究一个汉语方言的参考。

关于进一步开展汉语方言调查研究的一些意见[*]

我想简单谈谈个人对于进一步开展汉语方言调查研究的一些初步的意见。

从1956年起，教育部和中国科学院语言研究所根据国务院1956年2月关于推广普通话的指示，在党的统一领导下，组织了各省、市、自治区教育厅、局和高等院校，进行全国汉语方言初步普查。几年来，汉语方言普查工作在各地党委领导之下取得了很大的成就。这次方言普查，适应推广普通话的要求，是以语音为调查重点，以当时的县（或者与县相当的行政单位）为调查对象，平均一县调查一点。到1958年秋季，全部方言普查工作基本上完成了。调查了1800多点，写成的调查报告将近1200份，根据方言和普通话的语音对应规律编写的方言地区人民学习普通话的手册320多种（其中正式出版的有40多种）。中国文字改革委员会和中国科学院语言研究所分别编印了《方言与普通话集刊》《方言和普通话丛刊》。从1959年起，各省区又依照教育部的指示，根据普查材料编写本地区的方言概况。就目前（1960年12月初）了解到的，有八个省区的方言概况已经编写完成。《江苏省和上海市方言概况》已经由江苏人民出版社出版（1960年7月第1版，813页）。《河北方言概况》已经交到河北人民出

---

[*] 本文是丁声树先生1960年12月在中国科学院哲学社会科学部学部委员会第三次扩大会议上所做的关于方言调查研究工作的发言。

版社，也快要印出来了。广西、湖北、河南、甘肃、贵州、福建六个省区的方言概况已经自行油印或铅印成书。

这次汉语方言普查，成绩是很大的。只有在今天社会主义制度下，在今天党的领导下，组织了全国教育厅、局和高等院校的力量，贯彻了党的群众路线，才能在短短的几年之内完成了这样一个巨大的任务。最主要的收获有三项：（1）这次汉语方言普查有鲜明的为当前政治服务的目标，为推广以北京语音为标准音的普通话服务。通过普查，找出了方言和普通话的语音对应规律，编印了各方言地区人民学习普通话的手册，有力地促进了推广普通话的教学工作。（2）通过普查，积累了不少的方言材料，可以供高等院校语文教学的参考，也可以供进一步调查研究的参考。比如各省区编写的方言概况就是编纂全国汉语方言概要的重要参考书。（3）尤其可喜的是，通过普查，锻炼出来了一批方言调查干部，壮大了语言工作者的队伍。这是我国语言学界一支很可珍贵的生力军。参加这次普查的主要是青年同志。他们在党的领导下走到方言普查的第一线，遇到了困难就分析困难，克服困难；发现了问题就研究问题，解决问题。他们在工作中不断地与资产阶级的学术观点、调查方法作斗争，在斗争中成长起来了。通过调查和编写工作，他们的业务水平都提高了一步。实践证明，这样在工作中学习，边干边学，是培养青年干部的有效办法。

从1956年起，教育部和中国科学院语言研究所合办了一个普通话语音研究班（现在是由中国文字改革委员会、教育部和中国科学院语言研究所三个机构合办的）。这个普通话语音研究班已经办了九期，培养了1600多名推广普通话的骨干。其中第一、二、三期毕业的学员都受过方言调查的基本训练，他们在方言普查工作中起了积极的作用。许多高等院校开设了汉语方言课程，也培养了不少的青年干部。中国科学院语言研究所为方言普查编印了一些调查表格、调查手册,对于普查工作也有一定的推动作用。中国科学院各地分院语言文学研究所也做了一些方言调查工作。

以上所有这些工作都为进一步深入研究汉语方言打下了良好的基础,准备了有利的条件。

汉语方言十分复杂,其中蕴藏的问题也是非常丰富的。几年来的初步普查,以语音为重点,取得了初步的成就;但是汉语方言的词汇、语法还没有来得及详细调查,自然还远远不能够把汉语方言的全部面貌都弄清楚。汉语方言的调查研究还需要在普查的基础上,继续深入,逐步提高。方言的语音调查是必要的,而且也是必不可少的基础工作。但是方言研究如果只偏重在语音调查一个方面,那就是很不够的。汉语方言的词汇、语法也必须做系统的调查研究,才能更好地为推广普通话、汉语规范化服务,才能为语文教学和汉语史研究提供更翔实的参考材料。就是对于语音方面许多问题,如儿化、轻声、连音变化等,也需要通过词汇、语法的深入研究,我们才能得到比较全面的了解。也只有方言的语音、词汇、语法三方面都经过了系统的调查研究,我们才能弄清楚汉语方言的全部面貌,才能把汉语方言学建立在一个比较稳固的基础之上。

因此,以词汇、语法为重点进一步开展汉语方言的调查研究在当前社会主义文化建设中是十分必要的。特别是方言词汇的调查研究,对于进一步推广普通话,进一步促进汉语规范化,具有重大的实际意义。这是因为方言和普通话不单在语音方面分歧很大,就是词汇方面也有不少严重的分歧现象。最常见的是同一样东西,各方言的叫名不一致。比如"向日葵"在方言中就有"葵花、朝日葵、朝阳葵、转日葵、转日莲、望日莲、照日莲、老爷转、爷爷转、朝爷花、日头花、朝阳花、朝日转、日头转、朝日蒲、向日黄"等不同的名称。"太阳"在方言中就有"日头、热头、老爷儿、爷爷儿、日头爷、佛爷、前天爷、前佛爷、阳婆爷、月家"等不同的名称。也常有同一个叫名，各方言的含义不一致。比如普通话说"山药"，指的是"薯蓣"。可是河北省有些地区说"山药"指的是"甘薯"（白薯）。另外有些地区说"山药"，指的是"马铃薯"。"大头菜"在普通话里指的是一种"芥菜"。可是河北和东北有些地区说"大头菜"指的是"洋白菜"。"包子"和"馒头"在普通话里是有分别的，"包子"带馅儿，"馒头"不带馅儿。可是吴语有些方言，带馅儿的也叫"馒头"，那就是说"包子"也叫"馒头"。另一方面，河北省有一些方言，不带馅儿的也叫"包子"，换言之，"馒头"也叫"包子"（还有些地区把"饺子"叫作"包子"的）。这些词汇方面的分歧，也像语音方面的分歧一样，经常引起互相了解的困难，妨碍着各地区人民的交际活动，对于生产斗争和社会斗争都是不利的。必须对方言的词汇做深入的细致的调查研究，具体地分析具体的问题，才能为确定普通话的词汇规范提供可靠的参考材料，才能更好地为推广普通话服务。

词汇调查对于确定普通话里某些语音规范，就是说对于普通话审音工作，也是很有帮助的。试举一两个例子。"酵母、发酵"的"酵"字有些人读如"教"，有些人读如"孝"，哪一个读音是正确的呢？从方言上看，读如"教"的音是正确的。发面用的"酵子"，也叫"面酵子"，这是北方许许多多的方言常用的词，"酵"字在口语里都是读如"教"，不是读如"孝"的。再从历史上看，唐代玄应《一切经音义》卷二"酵㸤"条注云："案韵集音古孝反，酒酵也，谓起麫酒也。"《广韵》去声效韵"酵"字注云"酒酵",音"古孝切";《集韵》去声效韵"酵"字音"居效切",都与"教"字同音。所以"酵"字读如"教"也是与历史上相沿的读法相符合的。(北京话说"引子",不说"酵子"。北方也还有一些方言说"引子"或者"起子",不说"酵子"。)

再举一例。"荨麻"这个草的名称,有些人读如"寻麻",有些人读如"潜麻",哪个读法是正确的呢?从方言上看,读如"潜麻"的音是正确的。荨麻主要生长在四川、云南、贵州三省,是这些地区常见的一种野草,墙根篱畔,沟沿道旁,随处可以看到。这一带人民对于这个野草的叫名,其音正是读如"潜麻",不是读如"寻麻"的(四川有些地区也叫"蠚麻","蠚"字音壑。这个野草枝叶上有许多刺毛,触人皮肤,痛如蜂子蛰了似的,所以叫"蠚麻"。"蠚"就是"蛰"的意思)。再从历史上看,"蠚麻"的"蠚",古书里写作"薟"。唐代大诗人杜甫在成都做过一首《除草》诗,自注云"去薟草也","薟草"就是"蠚麻"。杜诗旧注,"薟"字"音潜"。南宋初年张邦基的《墨庄漫录》卷七描写过这个野草,说"土人呼为薟麻",自注"音潜"。《集韵》平声盐韵"薟"字音"慈盐切",与"潜"同音。所以无论从方言上或是从历史上看,"荨麻"都是应当读如"潜麻"。

从这里可以看出来,方言的调查研究对于汉语规范化具有很重要的实际意义。同时也可以看出来,古汉语中许多成分还常常反映在今天人民的口头上。方言的调查研究对于探讨汉语的历史发展,对于探讨语源,也具有很大的学术意义。

我们建议汉语方言进一步的调查研究以词汇、语法为重点(语音方面也还要继续注意)。就当前推广普通话、汉语规范化的需要而论,方言词汇的调查研究尤其重要。实际上不少高等院校中文系和中国科学院分院语言文学研究所已经做了一些方言词汇的调查工作。方言词汇经过调查研究以后，可以编成方言词典，也可以编成方言和普通话对照的词汇手册，还可以写成专著或者论文。方言语法的研究成果也可以用专著或者论文的方式发表。

我们建议调查方式多样化，不拘一格。直接的现场调查和间接的通信调查可以适当地结合起来。单独的地点方言可以调查，大片的地区方言也可以调查。就一县而论，人民委员会所在地（一般是县城）的方言可以调查，农村人民公社及其所属各生产队的方言也可以调查。方言中固有的成分需要注意，新兴的成分也需要注意。

我们建议汉语方言调查研究与推广普通话、注音扫盲等工作更密切地结合起来，利用方言和普通话的语音对应规律，词汇语法对比研究，积极为这些工作服务。

我们建议各地把本地区方言普查的经验加以总结，在这个基础上制订进一步的调查计划，以词汇语法为重点，开展工作。一般地讲，本地区人调查本地区的方言比较容易做到多快好省。本地区的方言概况（根据普查材料编的）尚未编写完成的，尽快编写，以便早日安排下一步工作。建议中国科学院语言研究所综合各省区编印的方言概况，写成全国汉语方言概要，作为计划中《汉语方言学》一书的组成部分。

我们建议有条件的高等院校中文系尽可能开设汉语方言课程，把汉语方言调查研究列入教学计划，并且使这个工作与语文教学更密切地结合起来，利用研究成果来丰富语文教学的内容。建议中国科学院各地分院语言文学研究所把汉语方言调查研究列入工作计划。

我们建议各省、市、区正在编纂的地方志尽可能把本地区的汉语方言包括在内。一个地区的方言（特别是在词汇方面）

往往可以反映这个地区人民历史和社会文化的发展。所以地方志有必要把本地区的方言编写进去。我国历代编的地方志也常常有方言一门，但是一般都是简略疏漏，没有经过调查研究的。新修的方志如果编写方言部分，希望能与本地区的方言调查工作联系起来，把本地区的方言系统地做一番调查研究，然后再编到方志里。

以上都是一些不成熟的初步意见，提出来敬请各位批评指正。

各位委员，各位同志，党的领导和党领导下的群众路线，是做好一切工作的根本保证。几年来全国汉语方言普查取得的初步成就，同其他各部门所取得的成就一样，都是党的领导的胜利，党的群众路线的胜利。我们深信，只要继续加强党的领导，坚决贯彻党的群众路线，充分运用新生力量，汉语方言进一步的调查研究工作一定能够取得更大的成绩。

（原载《新建设》1961年第1期，《中国语文》1961年第3期转载）

谈谈汉字标准化

《新语文》第三期，寒生先生提出了汉字标准化的问题，这是目前一个切要问题。汉字写法之乱给人平添无穷麻烦，向来所谓重文或体，同音通用，不知白费教的人、学的人多少功夫。今日为工农大众文字教育着想，实在有标准化的必要。标准化的办法，据个人一时想到的，大致如下：

1. 一字有两种或好几种写法的，选用一个形体较简的。如一个"个"字够了，不必用"個、箇"，"只要"不必作"祇要、袛（从衣从氏）要"。（现在人知道"祇、袛、祗"三字分别的怕不多了）"他才来"，不必用"纔"字。存"鬥"废"鬭"，有"剩"字不必再要"賸"字。"仿佛"不作"髣髴、彷彿"。

2. 一字两体，点画小异的，采取形声较合的一个。如"刊"字从干，比从千作"刋"好；"沙坪坝（从贝）"不作"沙坪埧"。

3. 两字本来不同，常有乱用的，规定其用法，如磁石、电磁用"磁"，陶瓷、瓷器用"瓷"，近来多用"磁"为"瓷"，如"磁器"等，不大好。

4. 两字在某种情形下乱用的，也可以限定其用法。如"周年、周月"，不必作"週年、週月"。"週"字可专作星期之用，如"一週、週刊"等。

5. 与实际语音不合的写法应改正。如"年轻"有人写"年青"，在分尖团的方言里，"轻"跟"青"不同音，说"年轻"，不说"年青"，故"年青"的写法不大好（自然，"青年"不能作"轻年"）。又如"很利害"，现在大都写作"很厉害"，表面上似乎好些，但"利"跟"厉"广东话不同音，而"利害"在广东话从来不说成"厉害"，宋元小说戏曲也没有作"厉害"的。所以"很厉害"，不如作"很利害"。

以上就一时想到的，略举这几条，希望可以引起大家的讨论批评。讨论汉字标准化最易犯泥古的毛病。有许多相沿已久习非成是的误字误读，只好让它去了，不必一一追求来历，"疆场"不必改"疆场"；"每况愈下"，也不一定要写作"每下愈况"了。

（原载《光明日报》1950年5月29日"新语文"专栏第七期；后收入杜子劲编《一九五〇年中国语文问题论文辑要》，大众书店刊行，1952年12月出版）

关于编纂《汉语大词典》的若干意见[*]

1. 我们应该积极准备编纂一部《汉语大词典》。这部"大词典"应该包括古今词汇，尽可能顾到汉语的历史发展。但是由于种种限制，这部"大词典"还不可能严格地按照历史原则编纂。（主要因为汉藏系语言的比较研究尚无显著的成绩，汉语各个时期的历史面貌还不清楚。古代文献未能通解的还不少。许多古书的真伪问题、著者问题、撰作年代问题、文字考订问题，等等，都还需要长期的细致的研究。清代音韵训诂之学偏重先秦经子，汉魏以下成就不多。唐宋以来语音研究，近年才开始。）

2. 《汉语大词典》应该以《现代汉语中型词典》为基础，扩大收词范围，总结古今学者研究汉语的成果，去粗取精，详近略远，贯串厚今薄古的精神。

3. 全书约收 50 万条，大约 5000 万字，分成 15 卷到 20 卷。（这是十二年远景规划草案初稿的估计，大致不离。在编纂过程中可能还有增减。）

4. 成书期限。1960 年—1964 年准备资料，1965 年开始编写，1975 年全部编成。（十二年远景规划草案初稿要求 1980 年编成，本所去年所订 1958 年—1967 年研究工作计划草案要求 1970 年编成。）

---

[*] 本文是丁声树先生 1959 年 12 月写成的。当时，语言研究所筹备编纂一部历时性的《汉语大词典》，由丁先生主编。丁先生对编纂《汉语大词典》做了初步设想。由于客观原因，大词典的编纂工作没有启动。丁先生于 1961 年 3 月接任词典编辑室主任和《现代汉语词典》主编。

5. 编纂机构。以本所词典编辑室为基础，适应工作任务需要，扩充编制，配备力量，网罗专门人才，培养专业干部。

6. 及早整理已有的资料，补充未有的资料。旧有的《中国大词典》卡片和《中山大词典》卡片，应该及早着手整理，去其重复，统为一体。再从经、传、子、史、诗、文、词、曲、小说、笔记、字书、类书、佛藏、道藏等各方面材料加以补充。

7. 开展群书索引工作。设索引组，在已出版的"引得、通检"之外，编印古今文献索引。重要著作尚须逐字编成"堪靠灯"，以供词汇语法研究参考。

8. 组织全国力量进行《汉语大词典》所需要的各项专题研究。例如：汉语史的断代研究、某一专书的语言研究，某一著者的语言研究，语音史的研究，语法史的研究，词汇史的研究。语源学的研究，外来语（借词）的研究，古书著作年代的研究，历代典章制度、文化艺术、宗教信仰、礼俗、名物的研究，历代民歌、民谣、成语、谚语、故事、传说的研究，地方志及其他文献中所记方言俗语的研究，现代方言的调查研究。诸如此类。

9. 语言研究所各研究组应该配合《汉语大词典》的任务，制订计划。

10. 哲学社会科学部开办的大学应该为编纂《汉语大词典》培养专业干部。其他有条件的高等学校也应该开设词典编纂专业。

以上只是个人空想所及，不完不备，错误失当之处一定很多，希望大家批评讨论。

1959.12.24

《现代汉语词典》编写细则的改订部分*

一、条目

1. 多字条目拼法不同时，分列条目。如【借款】jiè∥kuǎn 和【借款】jièkuǎn 分成两条，能拆的排列在前。

2. 多字条目第一字右肩上的标号（$^{\circ}$、*、^{2}、^{3}、^{4} 等）一律取消，但大字头右肩的数码仍保留。

3. 有一个字就出一个大字头。两字和两字以上的大字头一律取消，取消后有的可以归到适当的大字头底下，如【流苏】；有的则须另立大字头，如【磅礴】。

4. 常用字大字头外面的黑括号一律删去，但稿片上暂不改动，付印时总批一句即可。

5. 冷僻字的大字头，铅字的字体和尺寸跟常用字大字头相同，但在外面加细方括弧，"[　]"，以示区别。

二、字形、词形

6. 合成词或成语中如有不同的写法，加"也作……"的注。适用于一个义项的，注在该义项之后。适用于某几个义项的，分别在各该义项后头加注。适用于全部义项的，注在全条之末，注前加"#∥"（表示空一格再加双杠）。如："【把势】❶……。❷……。❸……。#∥也作把式。"

---

* 吕叔湘先生主持编写《现代汉语词典》"试印本"时，于1958年6月制定了词典的编写细则。1961年3月，丁声树先生接任词典主编，对编写细则进行了改订。《现代汉语词典》"试用本"贯彻了改订后的细则。词典后来的修订本基本上都贯彻了这一细则。

7. "也作……"的注，条目在三字以内的，用"也作×××"的格式；条目在四字以上而只有一个字不同的，用"'×'也作×"的格式，有两个字以上不同的，用"也作××××"的格式。（"也说、也叫"后头不论几个字，都用"也说……、也叫……"的格式，即在"也说、也叫"后头列举全名。）

8. 跟义项有关的"也说、也叫、注意"等，一律照第6条的办法处理。

"也说、也叫"后头列举的不同说法或叫名，如果读音比较特殊或者字比较难认，就在后头用括注注出这个说法或叫名的读音。除此以外概不注音；已经注出的应该删去。

9. 【把势】注末加"也作把式"的注，是表示推荐"把势"的写法，不推荐"把式"的写法。有时几个写法都有根据，就把几个写法同时并列为一个条目（用得比较多的列在前面），注末不加"也作××"的注。例如【耿直】、【梗直】、【鲠直】gěngzhí，【想象】、【想像】xiǎngxiàng。"耿、梗、鲠"字形不同，【梗直】、【鲠直】在"梗、鲠"两字下头各出见条。【想象】、【想像】上字相同，【想像】不出见条。

三、注音、注解

10. 条目中的轻声字，必须轻读的不注调号，音节前加黑圆点，如【桌子】zhuō·zi。

11. 有一类词如"看见、听见"等，末一音节轻读，但是中间加上"得、不"末一音节就要重读，这种时轻时重的音节，一律在音节上注调号，在音节前加双斜横杠和黑圆点。如：【看见】kàn//·jiàn，表示在"看见"中"见"字轻读，在"看得见、看不见"中"见"字重读。试印本注解中有关这类读音的"（轻声）、（两字都轻）、注意"等注文一律删去。

12. "起(来)、出(去)、上(来)、下(去)"这类表示趋向的词语,可以单用,也可以用在动词后头。单用时,"起、出、上、下"一律重读,"起来、出去、上来、下去"一律前一字重读,后一字轻读。用在动词后头时,"起(来)、出(去)、上(来)、下(去)"全都轻读。可是插入"得、不"以后,"起(来)、出(去)、上(来)、下(去)"又全都重读。试拿"起、起来"做例说明如下:

单用	起 qǐ	起来 qǐ·lai
动词后	拿起(就走)ná·qi	拿起来 ná·qi·lai
插"得、不"	拿得起 ná·de qǐ	
	拿得起来 ná·de qǐlái	
	拿不起 ná·bu qǐ	
	拿不起来 ná·bu qǐlái	

如果在"拿得起来"或"拿不起来"的"起来"两字中间再插入宾语,"来"字仍然轻读,如"拿不起枪来"ná·bù qǐ qiāng·lái。在条目注音中,这样的"起"和"起来"就注做∥·qǐ和∥·qǐ∥·lái,表示用在动词之后做宾语,中间可以插入其他成分,语音上有轻重的变化。

13. 上头12、13两条以外的一般轻读间或重读的音节,音节注调号,音节前加黑圆点。如"因为"注做 yīn·wèi,表示"为"字一般轻读,偶尔也可以读去声。这种注法只用在极少数的词上。

14. 尽量少用"□²②"之类带号码的字做注解。如:

【面子】miàn·zi〈口〉面²②:药~。

按"面²②"注为"粉末",不如直接用"粉末"来注。

15. 用做条目例子的词或短语,如已出条,条目例子后头的括注应该删去。如【少不更事】已出条,作为【更】字例子的"少不~事",后头就不再加括注。

四、举例

16. 尽量避免有教训人意味的例句、时间性太强的例句。凡关于镇压反革命、反特、反右、反动派、蒋匪帮、联合国、美帝国主义等的例句,尽量删除。

17. 例句里尽量避免使用专名,如"觉民在旁边多方劝慰,觉新总算止住了眼泪。"(【劝慰】条原注)

五、〈口〉〈方〉〈近〉〈书〉〈古〉

18. 〈口〉

a)口语里的词,如书面语里没有相应的词,不标〈口〉。

b)书面语和口语都通用的词,不标〈口〉。

c)原标〈口〉的词,如已指明"××的旧称""旧时……"的,或旧社会所用的口语词而现在已失去生命的,都不标〈口〉。

d)标〈口〉的词,必须是广大人民群众所通用的。仅某一地区(即使是北京)通用的口语词按方言处理,不标〈口〉。

e)同物异名的科技条目,在 A 条下注"通称 B",这比较一致;在 B 条下,有的注为"A 的通称",有的注为"〈口〉A",不很一致。现在一律取"A 的通称"的注法。

19. 〈方〉

a)方言词在书面上,特别是在政策、法令或国家领导人的著作里出现的,一般不标〈方〉。

b)有些在过去流行较广的方言词,注释中已有"旧时……"字样,不标〈方〉。

c)注解中已指明某地区使用的词(如"埕、垸"),不标

〈方〉。

　　d）某个地区特有的名物词（如"籪"），也不标〈方〉。

20.〈近〉

　　a）取消〈近〉的标志，一般在注末加"（多用于早期白话）"的括注。稿片中凡有"多见于近代小说、戏曲"，"多见于戏曲和近代小说"一类的括注都应改为"多见于早期白话"。

　　b）有些早期白话中的语词，方言和现代小说中还常遇到，不加这类括注。

　　c）有些已在注释中指出"旧时"或朝代名的，也不加这类括注。

21.〈书〉

　　a）成语不标〈书〉，【分崩离析】条试印本标〈书〉，应删去。

　　b）单字不标〈书〉，文言虚字例外。

22.〈古〉

　　新增〈古〉的标志，只用于少数假借字条目。如：

　　【弟】dì……

　　〈古〉又同"悌"tì。

　　【羊】yáng……

　　〈古〉又同"祥"xiáng。

　　"〈古〉又同×"另起一行。凡带〈古〉的条目，只在甲条注明"〈古〉又同乙"，不在乙条附提甲条。

六、括号、数字

23. 黑括号"【】"用于词头。

24. 白括号"〖〗"用于"参考……""见……"的时候。如：

　　【河漏】……见〖饸饹〗。

　　试印本在"参考……""见……"里也用黑括号，须照改。

最近处理的稿片里有"【血管】……分【动脉】、【静脉】、【毛细血管】"这种的体例,现在一律不用这种注法,仍作"【血管】……分动脉、静脉、毛细血管"。白括号限于"参考〖 〗"和"见〖 〗"两种场合。

25. 注文义项用黑地圆形数码(书写时用双圈代黑地,如①②③),领头字的异体字前头也用黑地圆形数码,其他场合用白地圆形数码(书写时用单圈代白地,如①②③)。如:

【不由得】……①不容……。②不禁……。

【布谷】……杜鹃①。

【逸1】(②佚、②③轶)

【去1】……注意⑨⑩的"去",可以一前一后同时用,表示去了要做某种事……。

七、地名、人名、姓氏

26. 单字地名用大字排,注音大写。如:

【郢】Yīng 楚国的都城。

单字地名后头带"山、河、县"等字的,仍按单字处理,只在注中注出"×山""×河""×县"。如:

【汾】Fén 汾河,在山西。

27. 多字地名第一字是比较难认或读音比较特殊的,处理方式如下:

【鄄】juàn 鄄城(Juànchéng),县名,在山东。

28. 多字地名里比较难认或读音比较特殊的字不是第一字的,处理方式如下:

【邡】fāng 什邡(Shífāng),县名,在四川。并在【什】字下头词条内加"【什邡】Shífāng 县名,在四川。"

29. 双音地名中两个字都比较难认或读音都比较特殊的,处理方式如下：

【盩】zhōu 盩厔（Zhōuzhì），县名，在陕西。

【厔】zhì 盩厔（Zhōuzhì），县名，在陕西。

30. 人名里比较难认的字按冷僻字处理，有字义可注的，只注字义，不提人名。如：

【烨】yè 火很旺盛的样子。

不提人名"玄烨"。

专用于人名而没有字义可注的，注"用于人名……"，注音小写。如：

【塨】gōng 用于人名，李塨，清初学者。

31. 地名、国名简称跟普通义项相联系的，作为单字的一个义项，用括注表明注音大写；跟普通义项不相联系的，另立一条。如：

【澳¹】ào ❶海边弯曲可以停船的地方……。❷（À-）指澳门。

【澳²】Ào 指澳大利亚。

32. 一个单字既用做姓氏，又用做地名、国名简称的，合并出条。但外来词的简称另立一条。如：

【赵】zhào ❶周朝国名……。❷姓。

【苏³】sū ❶指江苏。❷指苏州。❸姓。

【苏⁴】sū ❶苏维埃。❷（S-）指苏联。

33. 一个单字只用做姓氏的，单独出条，注音大写；既用做姓氏又有普通义项的，合并出条，姓氏作为最后一个义项，用括注表明注音大写。例如：

【贾】Jiǎ 姓。

【孟】mèng ❶……❷……❸（M-）姓。

大字头分成好几条时，姓氏一般作为第一条的最末一个义项，特殊情况例外。

八、字形或词句需要改动的

34. 字形

a)"并"分化为"并、並","並"字恢复。

b)"像"与"象"分开。注解中凡表示"如、似"意思的一律用"像",不用"象"。

c)其它→其他。

d)祛痰→祛痰。

e)"重叠"的"叠",不用"迭"字。

35. 词句

a)"如……等都是",删"等都是"。特殊情况例外。

b)"见下条、见以下各条"→"见下"。特殊情况例外。

c)"有的地方叫"→"有的地区叫"。

d)"也写作"→"也作"(但"也译作"不改)。

e)"【二十八宿】之一"→"二十八宿之一"。

f)标点符号的条目,注末均加"见附录×"。

g)汉字偏旁条目"即……等字……的部分","即"改"如"。如【宝盖儿】原注为"……形状是'宀',即'宝、宗、家、客'等字的头上的部分",现改为"……如'宝、宗、家、客'等字的头上的部分"。

h)"一、两个""三、四十斤"等一律作"一两个""三四十斤"等,不要在中间加点。

在语言研究所词典编辑室
全体人员会议上的讲话[*]

我总觉得词典越编胆子越小,常会出错。最近开了一个会①,陆宗达先生提出词典的两条释义有问题。一是"不毛之地",《现汉》(试用本)注为"不长树木、庄稼的地方"。看来未必是不长树木,应该是不长庄稼的地方。二是"圭臬",注为"圭表和鹄的",也不准确。"臬"不是鹄的。他提得很好。这两条,一是不准确,一是错误。怎样才能比较正确,是有困难的。科技上分门别类,越来越细了,也容易出错。

要扩大收词,语词上人家在我们的词典里查不到的东西不少。"夺情",人家就查不到。收集资料,应该是宁可滥一些,把它搞下来。《汉语词典》有的条目注得太简单,但是我们却没有收。《辞海》收的条目,知识性的较多。要结合我们词典的性质,多收一些词语。但也不能膨胀得太厉害。

我们要强调学习,语文性的书,四面八方,不管是从哪里弄来的都可以学习。词典里上下条不一定有逻辑联系,就某些条目,进行注解,会弄得不对。语文性的常识就不好搞,容易让人发生错觉。"皮里阳秋",我们的出处就注得有毛病。那个

---

* 1978年4月3日至7日,语言研究所词典编辑室召开为时一个星期的词典研讨会,研讨词典编写理论和实践中的一系列问题,为派出三个小分队分别去华东、中南、西北西南地区考察学习做准备。6日上午丁声树先生做了这个发言。本文是韩敬体根据自己的记录整理而成,题目和脚注为整理者所加。

① 指1978年3月21至24日召开的北京地区语言学科规划座谈会。

人①不是皇后,是个妃子,是晋简文帝的母亲。说尊为太后要好一些。关键是要去对一对书,即使都一样,也要查一查底子。《辞海》引的《淮南子》有两个人的注,一部分是高诱注,一部分是许慎注。道藏本全算作许注,我们的②全作高注,都不对。有两种集解,一是刘文典的,一是刘家立的,要加以分析。许慎注和高诱注体例不同,日本人和台湾地区的学者都知道,我们弄错了,让人家加以挑剔,就很不好。还要注意新的科研成果,我们一定要接受。杨荣国书中引的《尚书》是《伪古文尚书》,假造的25篇,句句都有来历,根据可以引出来,不需要考证。有的故意改字,把意思也改错了。讲哲学、讲历史,不考虑这一点也要出问题。容庚讲甲骨文,也引用了《伪古文尚书》。《伪古文尚书》,格言性强,容易懂。但东晋时已辨别出来,有人认为是三国王肃搞的。如果我们有剩余的时间,应该学习这些知识。《大汉和辞典》也有错误,台湾《中文大辞典》就是从《大汉和辞典》翻译的。对于《汉语大词典》《汉语大字典》,我们应抱真诚学习的态度,可以同他们多讲我们走过的弯路、不足之处③。我们去那些地方,可以开阔自己的眼界。

科技收词要以书籍、报刊常见的常识性的为主,词目可以多一些,注解可以略一些。要给人以大致的了解,人家也不会靠我们的词典查科技、哲社条目。有一些历史事件、人物,有典故的和有比喻义的可以出条。要我们一下子翻十番④,搞不过来,扩大一倍就不错了。

---

① 指东晋简文帝的母亲,名叫阿春。
② 这里指《辞海》。
③ 这是针对当时很快就要安排词典室部分同志分三个组去华东、中南、西北西南地区考察学习说的。
④ 1978年初,胡乔木院长曾到语言研究所词典编辑室召开座谈会,提出要编一部收录50万词条的《现代汉语大词典》,比《现代汉语词典》翻十番。

《现代汉语词典》第 1 版前言＊

　　这部《现代汉语词典》是以记录普通话语汇为主的中型词典，供中等以上文化程度的读者使用。词典中所收条目，包括字、词、词组、熟语、成语等，共约五万六千条。

　　这部词典是为推广普通话、促进汉语规范化服务的，在字形、词形、注音、释义等方面，都朝着这个方向努力。一般语汇之外，也收了一些常见的方言词语、方言意义，不久以前还使用的旧词语、旧意义，现在书面上还常见的文言词语，以及某些习见的专门术语。此外还收了一些用于地名、人名、姓氏等方面的字和少数现代不很常用的字。这些条目大都在注释中分别交代，或者附加标记，以便识别。

　　1956 年 2 月 6 日，国务院发布关于推广普通话的指示，责成中国科学院语言研究所（从 1977 年 5 月起改称中国社会科学院语言研究所）在 1958 年编好以确定词汇规范为目的的中型的现代汉语词典。我所词典编辑室 1956 年夏着手收集资料，1958 年初开始编写，1959 年底完成初稿，1960 年印出"试印本"征求意见。经过修改，1965 年又印出"试用本"送审稿。1973 年，为了更广泛地征求意见，做进一步的修订，并为了适应广大读者的迫切需要，利用 1965 年"试用本"送审稿的原纸型印了若干部，内部发行。1973 年开始对"试用本"进行修订，但由于

＊《现代汉语词典》于 1978 年 12 月正式出版，后来被称作第 1 版。这篇前言是丁声树先生写的。

"四人帮"的严重干扰和破坏,直至1977年底才全部完成修订工作,把书稿交到出版部门。

《现代汉语词典》在整个编写和修订过程中,得到了全国一些科研机构、大中学校、工矿企业、部队有关机关以及很多专家、群众的大力协助。我们在这里敬向有关单位和有关同志表示衷心的感谢。

限于编写人员的水平,这部词典的缺点和错误一定还不少。我们恳切地希望广大读者多多提出宝贵意见,以便继续修订,不断提高质量,使这部词典在推广普通话、促进汉语规范化方面,在汉语教学方面,能起到应有的作用,更好地为社会主义革命和社会主义建设服务。

中国社会科学院语言研究所
1978年8月

附 录

丁声树先生生平年表

1909 年	3月9日，出生于河南省邓县（今邓州市）城北三官庙村（现属裴营乡大丁营行政村）。
1917 年 8 岁	入邓县大丁营村私塾，学习四书五经、纲鉴总论之类书籍。
1920 年 11 岁	秋，考入新开办的邓县乙种商业学校（相当于高级小学），学习三年。
1923 年 14 岁	秋，考入河南省立第五中学（校址在河南南阳），是该校第一届初中班学生。学习三年。
1926 年 17 岁	秋，离家，考入北京大学预科学习。
1928 年 19 岁	夏，北京大学预科毕业。 秋，升入本校中国文学系学习。
1929 年 20 岁	母亲病故。
1932 年 23 岁	秋，大学毕业。 经北京大学教授钱玄同、沈兼士等推荐，入中央研究院历史语言研究所工作，所址在北京北海静心斋，职务为助理员。
1934 年 25 岁	1月，第一篇学术论文《释否定词"弗""不"》在上海撰写完稿。
1935 年 26 岁	在《历史语言研究所集刊·庆祝蔡元培先生六十五岁文集》上发表论文《释否定词"弗""不"》，震

动学术界。

父亲病故。

10月，参加湖南方言调查。年底随历史语言所迁至南京鸡鸣寺。

1936年
27岁

在《历史语言研究所集刊》第六本第四分册上发表《诗经"式"字说》一文，受到学术界权威胡适赞扬。

1—5月，与杨时逢一同帮助赵元任编写的《钟祥方言记》灌音、记笔记、整理材料、校对。

4—5月，与赵元任、杨时逢、吴宗济、董同龢等一起开始调查湖北方言。

1937年
28岁

七七事变后，随中央研究院历史语言研究所西迁，先迁至武汉，后又迁至湖南长沙圣经学院。

参与湖南方言调查。《湖南方言调查报告》由杨时逢编写，于1974年在台北出版。

1938年
29岁

年初，随中央研究院历史语言研究所语言组迁往云南昆明城郊拓东路，与赵元任、杨时逢、吴宗济、董同龢整理研究湖北方言，编写《湖北方言调查报告》。

秋，迁至云南昆明北郊的龙泉镇。

1939年
30岁

1月，晋升为编辑员。

1940年
31岁

1月，在《北京大学四十周年纪念论文集》乙编上发表《诗卷耳芣苢"采采"说》一文，获得学术界好评。

晋升为副研究员。

3月，与杨时逢、董同龢等开始调查云南方言。

8月至年底，随历史语言研究所迁往四川南溪县李庄。

晋升为研究员。

参加云南方言调查。

赵元任、李方桂、罗常培共同翻译的高本汉的《中国音韵学研究》出版，曾经丁声树先生从文字的可读性、体例的一致性和内容的确当化三方面反复细校。

1941年　1月，晋升为专任研究员。
32岁　10月，参加四川方言调查。

1942年　3月，写作《论诗经中的"何""曷""胡"》。
33岁　10—12月，写作《"何当"解》。

1943年　6月，写作《"碚"字音读答问》。
34岁

1944年　冬，受中央研究院委派赴美国访问、考察。
35岁　被聘为哈佛大学东方语言学部兼任研究员。
　　加入美国语言学会。

1945年　1月，在纽约见到赵元任，后在哈佛大学协助赵
36岁　元任编辑英汉口语的《国语字典》（1947年出版）。

1946年　秋，被聘为兼任耶鲁大学语言部研究员。
37岁　8月，与时在哈佛大学研究生院攻读博士学位的关淑庄女士结婚。

1947年　女儿丁炎出生。
38岁　在《历史语言研究所集刊》第十一本上发表《"何当"解》和《"碚"字音读答问》。

	11月，写作《说文引秘书为贾逵说辨证》。
1948年 39岁	3月，与赵元任、吴宗济等合著的《湖北方言调查报告》出版。 8月，告别妻女离开美国回国。 9月，到南京（中央研究院已于1946年回迁南京）。 在《历史语言研究所集刊》第十本上发表《论诗经中的"何""曷""胡"》。 冬，中央研究院迁往台湾。丁声树先生拒绝随所迁台，留在南京。
1949年 40岁	在《历史语言研究所集刊》第二十本下册上发表《"早晚"与"何当"》。 在《历史语言研究所集刊》第二十一本第一分册上发表《说文引秘书为贾逵说辨证》。 9月，调入北京。
1950年 41岁	中国科学院成立，丁声树先生成为第一批研究人员。 6月，语言研究所成立。此后一直在语言研究所工作，是一级研究员。 9月，参加并负责的研究课题"中国现代语的基本文法结构和基本词汇研究"立项并开始研究工作。 在《周叔弢先生六十生日纪念论文集》上发表《魏鹤山与孙愐〈唐韵〉》。
1951年 42岁	6月，参加语言研究所召开的讨论民族语言文字问题的座谈会。 11月，报名参加土地改革工作团中南第七团，南下湖南常德县十美堂区黄珠乡，负责发动群众，

	进行土改工作。
1952年 43岁	4月,从湖南回到北京。 主持语法小组工作,编写《语法讲话》,参加合作撰稿者还有吕叔湘、李荣、孙德宣、管燮初、傅婧、黄盛璋、陈治文等。7月起以中国科学院语言研究所语法小组名义在《中国语文》(月刊)上连载。 在《中国语文》杂志创刊号上发表《谈谈语音构造和语音演变的规律》。 10月,找所长罗常培面谈,事后写信给罗常培所长认为自己工资太多,变成了沉重的思想包袱。 12月,出席所务会议,讨论下一年工作计划、总结近几年的工作计划。
1953年 44岁	《语法讲话》继续在《中国语文》(月刊)上连载。 11月,《语法讲话》在《中国语文》(月刊)上刊载结束,共连载17期,21章。《语法讲话》油印本送有关单位、人员,征求意见。 12月8日,在语言研究所工作会议上做学习俄文如何巩固的报告。
1954年 45岁	语言研究所成立方言研究组,任组长。 秋,开始给语言研究所的年轻人上课,每月一次,讲国学常识。
1955年 46岁	5月22日,被选聘为中国科学院哲学社会科学部委员。 7月,参加哲学社会科学部召开的常委会扩大会议,讨论召开现代汉语规范学术会议问题。 9月中旬,带队在团校进行方言调查。

10月25—31日,参加中国科学院在北京召开的现代汉语规范问题学术会议,在大会上做《汉语方言调查》的重点发言(与李荣联合发言)。

10月27日,语言研究所学术委员会成立,任学术委员会委员。

11月15日,中国科学院批准语言研究所学术委员会委员名单。

1956年 47岁

1月,中国科学院成立普通话审音委员会,被聘为委员会委员。

1月28日,国务院决定成立中央推广普通话工作委员会,陈毅副总理为主任委员,丁声树先生被委任为委员会委员。

全国性方言普查工作开始进行,语言研究所方言组负责组织、指导工作,为方言调查工作编写的《方言调查词汇手册》《方言调查字表》出版。

教育部和语言研究所共同举办的普通话语音研究班开班,半年一期,前三期着重培养方言调查人员。丁声树先生负责研究班的组织教学工作。编写《汉语音韵讲义》(李荣制表)和工具书《古今字音对照手册》(李荣参订)。

7月,出席《中国语文》杂志社在山东青岛召开的语法座谈会,在会上做了发言,强调语法研究必须从语言事实出发。

语言研究所词典编辑室成立。

与李荣合编的《方言调查词汇手册》由科学出版社出版。

1957年 48岁	为普通话语音研究班编写的《汉语音韵讲义》(李荣制表)完稿。 5月,致信郭沫若院长,建议取消学部委员津贴。与李荣合编的《汉语方言调查手册》由科学出版社出版。 12月,参加语言研究所和北京大学中文系联合召开的汉语拼音方案草案座谈会。
1958年 49岁	7月,带领方言组专业人员到河北省张家口调查方言。 编写的《古今字音对照手册》(李荣参订)由科学出版社出版(1981年10月转中华书局出版)。 编写出版《方言调查词汇表》。
1959年 50岁	春,带领十多位专业人员到河北省昌黎县调查方言。集体编写《昌黎方言志》。 当选为中国人民政治协商会议第三届全国委员会委员。 《现代汉语词典》(以下简称《现汉》)试印本审订委员会成立,担任审订委员,7月至10月审看《现汉》语文词条。
1960年 51岁	7月,《昌黎方言志》由科学出版社出版。
1961年 52岁	3月,担任《中国语文》总编辑、《现代汉语词典》主编,主持《现汉》的编辑定稿工作。 4月,担任词典编辑室主任。 8月,参加汉字查字法整理工作组。开始主持《新华字典》的修订工作。

	12月,与吕叔湘、李荣等合著的《语法讲话》经修订改名为《现代汉语语法讲话》,由商务印书馆出版单行本。
1962年 53岁	1月,出席为期一周的高校教材《古代汉语》(王力主编)出版座谈会。 4月,发表《说"匼"字音》。 6月,加入中国共产党,为预备党员。
1963年 54岁	6月起转为正式党员。
1964年 55岁	3月,在北京科学会堂召开《中国语文》编委会扩大会议。在京编委和语言学专家20多人参加。 4月17日,向全所工作人员做学术报告——《关于汉语词典的注音问题》。 8月16日,向全所工作人员做学术报告——《汉语音韵学问题》。 11月,当选为第三届全国人民代表大会代表。
1965年 56岁	3月9日,在所内讲授"反切",计划用半年时间向全所业务人员开设音韵学讲座。 主持修订《新华字典》及其农村版的编写工作。 8月,接待日本青年参观团干事牛岛德次来语言所访问。 9月,接待捷克斯洛伐克科学院的学者,谈捷汉词典的编写和收集资料问题。 10月,参与接待越南语言学专家黄批,座谈词典编写情况。 12月,参与接待越南专家座谈会,座谈词的连写

音译和外来词问题。

1966 年
57 岁
1月,陪同越南专家去民族研究所参加座谈会。

4月,接待日本旅行团来访,谈词典编纂问题。

6月,由于哲学社会科学部开始进行"文化大革命",业务工作停止。"文革"中被打成"资产阶级反动学术权威",后入"牛棚"劳动改造。一直到1968年12月工、军宣队进驻。

1970 年
61 岁
3月,与全所同事一起被下放到河南省息县"干校"。在干校先被分配烧开水,后来改为养鸡。

1971 年
62 岁
1月,根据中央关于让年老体弱的科学家提前从干校回京的指示,与俞平伯、吕叔湘、何其芳等回到北京。

1972 年
63 岁
2月,应商务印书馆约请,审订《汉语成语小词典》(北京大学中文系编)。

3月,应中华书局约请,审订标点《三国志》等史书。

7月,应中华书局约请,参与检查《资治通鉴》标点工作。

语言研究所下放"干校"的人员全部回京,因无确定的办公处所,暂驻北京朝阳门内南小街51号原文字改革委员会办公楼的一楼门厅和二楼两个房间。

1973 年
64 岁
5月,《现代汉语词典》试用本由商务印书馆出版,16开本,内部发行。

9月,缩印32开本,内部发行。词典编辑室暂时在办公楼南面的三间平房内开展业务工作,正常上班。做资料勾乙、抄写工作。

1974年 65岁	在词典编辑室继续工作。派出三位工作人员去北京市教育局《新华词典》编辑组学习,为修订《现代汉语词典》做准备。
1975年 66岁	中共语言研究所党总支成立,被选为党总支副书记。 5月,作为特邀专家出席国家出版局和教育部在广州召开的中外语文词典编写出版规划座谈会。在大会上发言,并代表语言研究所接受修订《现代汉语词典》和编写《汉语同义词和反义词词典》的任务。 6月,《现汉》修订工作成为语言所重点项目,后又成为学部重点项目。 8月,语言研究所组建词典修订组和修订组党支部,开始进行《现汉》修订工作。 10月以后,按有关方面要求,开始筹建工人、解放军和专业人员三结合修订组。 11月,三结合修订工作正式开始。
1976年 67岁	2月,词典编辑室随语言研究所搬迁到四道口原北京地质学院主楼办公。 解放军通讯兵部来人参加词典修订组,重新组建《现汉》三结合修订组和新的党支部,安排《现汉》修订工作。被分配在看稿组工作。
1977年 68岁	春,工人、解放军人员离开修订组,作为主编负责组织专业人员重新整理修订词典稿,努力消除"文革"影响。 5月,三结合修订工作结束。 中国社会科学院成立,语言研究所调整学科,担

任词典室主编。

与吕叔湘、闵家骥一同会见澳大利亚语言教学考察团,谈《现汉》试用本问题。

10月,院临时领导小组召开为时10天的会议,对《现汉》定稿进行审定。

12月,《现代汉语词典》交商务印书馆排印。

1978年
69岁

2月,当选为第五届全国人民代表大会代表。

3月,参加中国社会科学院在北京远东饭店召开的北京地区语言学科规划座谈会,在词典组会上发言。

4月6日,在词典编辑室全体人员会议上发言,谈词典中的失误和学习问题。

5月,开始《现汉》校样的审看、修改。

8月,语言研究所成立新一届所学术委员会,任副主任委员。

11月,开始计划编写《现代汉语大词典》。

12月,《现代汉语词典》由商务印书馆正式出版,公开发行;主持编写《现代汉语小词典》。

1979年
70岁

3月,《现代汉语小词典》编辑完稿,交商务印书馆出版。

筹备编写《现代汉语大词典》,成立编辑委员会和常务委员会,担任常务委员、主编。拟订出编写原则和计划。

10月8日夜,患脑溢血住进北京协和医院。

1980年
71岁

6月,《现代汉语小词典》出版;被聘为北京市语言学会顾问。

	10月,被聘为中国语言学会顾问。
	11月,被聘为中国音韵学研究会顾问。
1981年 72岁	7月,被聘为全国高等学校文字改革学会顾问。 《汉语音韵讲义》在《方言》杂志第4期正式发表。(上海教育出版社1984年出版) 11月,被聘为全国汉语方言学会顾问。
1982年 73岁	5月,被聘为中国训诂学研究会顾问。
1983年 74岁	2月,当选为中国人民政治协商会议第六届全国委员会常务委员。 4月,中国共产党中国社会科学院党委召开大会,表彰了丁声树先生的先进事迹,誉之为"从爱国主义走向共产主义的知识分子的优秀代表"。
1984年 75岁	7月,《昌黎方言志》由上海教育出版社出版新1版。
1989年	3月1日,在北京逝世,终年80岁。 4月12日,语言研究所在中国社会科学院学术报告厅隆重举行"丁声树学术活动追思会",所长刘坚主持会议,中国社会科学院领导汝信和我国语言学界、历史学界的著名学者吕叔湘、李荣、季羡林、朱德熙、周祖谟、杨伯峻、张政烺、胡厚宣、刘大年、吴宗济等参加会议并在会上讲话。《中国语文》第4期和《方言》第2期出版专辑悼念丁声树先生,分别刊登吕叔湘、李荣撰写的纪念文章。

(韩敬体辑录,丁炎审定)

丁声树先生国学讲座笔记[*]

小学说略

1954 年 9 月 21 日

章太炎（炳麟）《国故论衡》中第一篇篇名，现借用为我的说话题目，分五段说：

一、"小学"的名称

古代的"小学"相当于现在的"语言文字学"。"小学"在古代有三义：

1. 是孩童进的学校，是与"大学"相对的，如"八岁入小学"，就是小学。

2. 是书，一是关于文字的，一是关于数学的，特别是说"书"。书是指识字课本之类，现在仍遗留的《急就篇》就是这类。

3. 类似现代的"语言文字学"，是研究文字的学问。

这三个意思都是有联系的。

宋代所谓"小学"，是修身的学问，如《朱子小学》，其编辑与不久前的修身教科书一样。这与我们现在所说的无关。

二、"小学"的内容

普通分三类：

1. 关于字形的，通常叫"文字学"。

---

[*] 20 世纪 50 年代中期，丁声树先生在语言研究所为青年研究人员开设一系列讲座，包括传统语文学、方言学、语法学。本文选录的是 1954 年秋至 1955 年初丁先生关于传统语文学的讲座的记录稿，由麦梅翘整理，曾经丁先生过目并改正若干处。后由韩敬体和张惠英参校。

2. 关于字音的,叫"音韵学"。

3. 关于字义的,叫"训诂学"。

这三方面是研究上的三方面,为了研究的方便才分出来的,并不是互相对立的。

普通说的"文字学"分广、狭义,广义的是包括形、音、义,狭义的是单指字形。"音韵学"与"训诂学"也不能完全脱离文字,这三类的代表书,关于字形的是《说文解字》,但它除解释字形外,还解释字义,并且在形声字方面也谈到字的音读。音韵方面的代表书是《广韵》(现存的),它之前是《切韵》,《切韵》之前是李登《声类》。字义方面的代表书是《尔雅》,《尔雅》在艺文志里属于"孝经"(以前小学所读的一种)一类。《尔雅》以前是为解经用的,研究《尔雅》并不是只了解其意义便够。其意义范围的大小也不一致,意义用法也不相同,而且在古文献的比对中,意义与字形、字音都很有关系,如"哉,始也"。但有用"才""载""裁"的,其字形不同,但字义一样。

三、小学与经的关系

经在古代是认为是孔子编的。五经是:诗、书、礼、易、春秋。说六经的则包括"乐"。是治国修身的要紧学问。汉代因经的本子不同,分为"今文经""古文经",其主要区别:"今文经"是拿当时的隶书写的,汉代设博士。将经书以"今文读之","读"即考释也。"古文经"是民间的东西,不是国家所承认的。

《汉书》中《刘歆传》《楚元王传》《儒林传》《艺文志》都说到今、古文之争。

今、古文的不同:

1. 经本不同:以《诗经》来说,今文有齐诗、鲁诗、韩诗,也称三家诗。这都是立于学官的(西汉时并立学官),齐诗,齐人后苍所传；鲁诗，鲁人申培传；韩诗，燕人韩婴传。古文是毛诗，毛诗不立学官。毛诗，鲁人毛亨传，自谓出于子夏。

以《春秋》来说，今文有公羊、穀梁，这是立于学官的。古文是左氏（鲁太史，疑与孔子同时），但毛诗、左氏都是现一般人喜读的，因汉末、魏晋之间，古文经抬头。

2. 经的次序不同：今文是诗、书、礼、乐、易、春秋。古文是易、书、诗、礼、乐、春秋。《庄子》的"天运篇"以至于司马迁《史记》的次序都是和今文次序一样。而《汉书》则如古文一样。说明《汉书》是主古文的。

3. 经说不同：每种经义的解释往往不同,《五经异议》（汉·许慎）、《五经异议疏证》（清·陈寿祺），从这两书中可以看出来。

4. 解经方式不同：今文注重章句，古文注重训诂。章句就是把它分章分句。"离经辨志"，离经就是说这字该属上句或下句。辨志，是该在哪里下标志（即标点符号）。

过去的古文经学家都差不多是"小学"家，如杜林传《古文尚书》，他又著有《苍颉训纂》《苍颉古文》。许慎著《五经异议》《说文解字》。

"经学"与"小学"是互为影响的，"小学"研究越深对经的研究也越易。而对"经学"的研究深，也就自然通晓"文字学"。"由小学通经学"是清代的学者提倡的。

四、清代小学的发展

清代"汉学"也叫"朴学"，清初顾炎武提出："读九经自考文始，考文自知音始。"这是把"经学"与"小学"连起来，古书通假很多，若音韵不懂，便不能读经。清乾嘉时代是"经学"最盛的。戴震说："经之至者道也，所以明道者其词也。所以成词者未有能外'小学'文字者也，由文字以通乎语言。"他这样指出来，是针对"宋学"说的，宋、明经学是专说心、性。

作为研究古代语言的工具，必须研究"小学"。

宋儒的最大毛病，是以自己的意见坐实为古人之意见。

清学者在"小学"上的贡献：

1. 音韵

顾炎武（1613—1682）是清代第一个研究古音的，有《音学五书》（音论、诗本音、易音、唐韵正、古音表），还有《九经误字》。

江永（1681—1762）：《古韵标准》，他是戴震的老师。

戴震（1724—1777）：《声韵考》《声类表》，另外是《戴东原集》中的有关音韵的文章。

段玉裁（1735—1815）：《六书音韵表》。

王念孙：《与李方伯书》中的"古音二十一部"，《读书杂志》。其儿子王引之的《经义述闻》。

孔广森（戴震的学生）：《诗声类》。

江有诰的"音学十书"（缺两种）：《诗经韵读》《群经韵读》《楚辞韵读》《先秦韵读》《唐韵四声正》《入声表》《等韵丛说》《古音二十一部表》。

2. 小学训诂

段玉裁：《说文解字注》（是在《六书音韵表》后之作，其中所指的"某"部，是指《六书音韵表》的）。

郝懿行：《尔雅义疏》。

戴震：《方言疏证》（扬雄《方言》其做法是按《尔雅》体例）。

钱绎：《方言笺疏》。

五、清代学者研究"小学"的精神

清代学者将自汉以来各代的学问都研究，而尤其在"小学"中有卓著成就。其精神：

1. 有历史观点。从佛教传入中国，在魏晋流行后，一般人便将该时的见解去解释古代的经典，而清代学者则完全以客观态度，纯粹从书本上去了解古音的意义，不把现在东西去推测过去。

2. 着重在比较归纳的研究，不是凭单文孤证。

3. 着重实际的证据，不拘守先生成说。

4. 注重书的真伪，如《尚书》，汉代有古文、今文，这都是真的。但东晋时又出了"古文尚书二十五篇"，这是伪的。阎若璩有《尚书古文疏证》、惠栋的《古文尚书考》，这两类是为考证东晋的《伪古文尚书》而作的，其中有"人心惟危，道心惟微，惟精惟一，允执厥中"，这原来是出于《道经》的，但《道经》已佚，只在《荀子·解蔽篇》中说及。

《方言》，它的全名叫《𬨎轩使者绝代语释别国方言》，𬨎轩是轻便的乘车。

扬雄收集各方土语，但未整理成书。刘歆去信要索取，扬雄复信中很有气愤之意，其中有言"缢死以从命"。并说此书曾与张伯松看过，张谓此书乃"悬诸日月不刊之书也"。

刘歆地位比扬雄高，"典校秘书"。

《方言》卷一："初别国不相往来之言也，今或同。而旧书雅记，故俗语不失其方，而后人不知，故为之作释也。"

《方言》中有些字是扬雄自造的，因在别的书上从未见过。

训诂

1954 年 10 月 19 日

一、训诂的名称

它常有不同的写法,有为"训故",或倒叫"诂训""故训"。训诂是解释、训释古代字义、词义。训,是训释。诂,是古语。即解释古文的字义和句义。鲁申公为诗训诂。"郑玄之诂训三礼"(《魏书·袁翻传》)。后来训诂也等于语义。训诂是限于古代文献上的文字、词义。

《汉书·艺文志》中有"鲁故""韩故",是解释鲁诗、韩诗的。还有《国语》中的"泰誓故"。

汉末,高诱的《淮南子注》中有"天文训""原道训",其实"天文训"并不是《淮南子》的篇名,而"训"是高诱加以解释的意思。即高诱对"天文篇"、对"原道篇"所加的注解也。

二、训诂的起源

1.古今语言不同,语音常变,需要训诂才能通读。这是因时间上的不同。

2.方言不同,有些方言保存古代语音,如广东的"喝水"叫"饮",这是保存古音的说法,故对方言加以训诂,也等如对古音的训诂。这是因地方不同的原因。

3.我国一字有多义,书本中的字究竟采用哪一义?这便需要训诂,如"书"有:①文字;②写;③书籍;④专名(《尚书》),如"书曰:……",即"《尚书》里说……";⑤信,等义。

4.古人对语言文字有兴趣,喜欢追寻它们的字源。如刘熙《释名》序中说的,"释名",即"名以释其义"。

训诂最早的书是《尔雅》,不过解释字义的不单是《尔雅》

这本专书,"群经""诸子"中也有一部分是解释字义的。

孔子也很喜欢解释字义,《论语》中"季康子问政于孔子,孔子对曰:政者正也,子帅以正,孰敢不正!"。《孟子》中也常有释字义的,如"'洚水警予',洚水者,洪水也"。有种解释是定义式的:《墨子》的"经上""经下"(又叫"墨注")中,"平,同高也""圜,一中同长也"。①

三、几部重要的训诂书籍

《尔雅》:大抵始于周公,成于孔门,盛行增益于汉代,非出于一人之手。

《广雅》:魏张揖著,仿《尔雅》体例。有王念孙的《广雅疏证》。

《方言》:汉扬雄作,有戴震的《方言疏证》,钱绎的《方言笺疏》。

《释名》:汉刘熙作,即"名以释其义",虽然有时多是说对了,但有些却免不了附会,如"仙,迁也,迁入山也。故其制字,人傍作山也"。

《说文解字》:汉许慎作,解说本字。

传注:

《诗》:"毛(亨)传""郑(玄)笺"(郑笺是补毛传之不足)。

"三礼注":郑玄。三礼,即《周礼》《仪礼》《礼记》。

《公羊传》:汉何休解诂。

《左传》:晋杜预注。

《穀梁集解》:晋范宁注。

《淮南子》(刘安):有高诱注,有许慎注。(《淮南子》共

---

① 二例均在"经上"。(脚注均由整理者所加,以下不再逐一说明)

二十多篇，现存的其中八篇是许慎注的。）

《吕氏春秋》：有高诱注。

《楚辞》：有王逸注。

《经籍纂诂》：是训诂总汇，有世界书局影印本，阮元主编。

四、古代训诂的主要方式

按形、音、义来分。有形训、音训、义训。

1. 形训：是说明字的结构。如"蠱"，《左传》中释为"皿蟲为蠱"。（把虫养在皿中，用以害人。现某些地方的俗说。）

《韩非子·五蠹》：古者苍颉之作书也，自环者谓之私（厶），背私谓之公。

《说文》：韩非曰：苍颉作字，自营为"厶"。

孔子曰：一贯三为王。（三者，天、地、人也。）

孔子曰：推十合一为士。（士者，有才能之人，能将乱七八糟的东西归合为一也。这都是村俗之说。）

2. 音训：乾，健也。坤，顺也。仁者，人也。义者，宜也。这种情况都是意欲推求出字的来源。音训可以简单说，是以音为训。

3. 义训：是一般解释定义的方式。

（1）是以今语释古语，这是在古书上常见的。如《孟子》"洚水，洪水也"就是。汉朝人用"犹"字表示解释，如《诗经》："掺掺女手。"毛传："'掺掺'犹'纤纤'也。"

（2）以通语释方言（别语）。《左传》："楚人谓虎'於菟'。"扬雄《方言》："娥，嬴，好也。""好"，其通语也。

（3）以类名释专名。《说文·玉部》："璙，玉也。"段注："《左传》注，多不言名。"《诗经·鲁颂·閟宫》"奄有龟蒙"毛传："奄有龟、蒙。"（龟、蒙是山名）但注中只注："龟，山也。蒙，山也。"

（4）定义式。如《墨子·经上》："平，同高也。尽，莫不然也。"

（5）对比式。小曰羔，大曰羊。上曰衣，下曰裳。方曰筐，圆曰筥。

4.古代训诂的特殊形式，是说假借的训诂方式。有三：

（1）以本字释错字。如《诗经》："七月食瓜，八月断壶。"毛传："壶，瓠也。"（壶，是假借的字，读音应如瓠。）毛诗传时，还未有"读如、读若"。又如："无信人之言，人实迋女。"毛传："迋，诳也。"

（2）以本字之义释借字。如《诗经》："彼何人斯，居河之麋。"毛传："水草交谓之麋。"《尔雅》："水草交为湄。"湄、麋，同音。（若以（1）法解释，可作为：麋，湄也。）"绸直如发"绸，密也，同稠。

（3）a.读为、读曰：主要是汉代作注解者，如郑玄、高诱等用。段解释"读为"曰："以音近之字易之。"《周礼·地官·大司徒》："辨五地之物生。"杜子春读"生"为"性"。（杜子春：郑玄以前注经者。）《周礼·地官·乡师》："以涖匠师。"故书（《周礼》有不同本子，最古的一本叫故书）："涖"作"立"。郑司农云："立，读为涖。涖谓临视也。"原来古本作"立"，郑玄根据郑司农的话，将"立"改为"涖"，因之，今本作"涖"。《周礼·夏官·大司马》："群吏撰车徒。"郑玄注："'撰'，读曰'算'，算车徒，谓数择之也。"

b.读如、读若：只是比拟其音，不改其字。如《周礼·夏官·大司马》："中夏教茇舍。"郑玄注："茇，读如萊沛之沛。""茇舍"，草止之也。

c.当为：定其字之误（即改其形误之字）。《周礼·考工记·鲍人》："察其线，欲其藏也。"注曰："故书'线'，或为'综'。"

杜子春云："'综'当为（音、义相近，故不能称读为）系旁泉，……谓缝革之缕。"《周礼·秋官·司仪》："登，再拜授币，宾拜送币。"注曰："'授'当为'受'。主人拜至且受玉也。"

五、音韵和训诂的关系

形、音、义三者的联系，清代以音韵与训诂的研究为重要，音与义互为表里，字形为次。

顾炎武："读九经自考文始，考文自知音始，以至诸子百家之书，亦莫不皆然。"（答《李子德书》序）他说的话有两种意思：一是校勘经文，考订文字；二是训诂，解释文义。因古代的诗及韵文都是用韵的。如《卫风·竹竿》："泉源在左，淇水在右，女子有行，远父母兄弟。"有人以为"右"该读"以"，这便与"弟"押韵。而段玉裁发现"远父母兄弟"，原为"远兄弟父母"。"以"，之部；"弟"，脂部，根本不同音。唐诗《琵琶行》："浔阳江头夜送客，枫叶荻花秋瑟瑟。"客是 k 尾，瑟是 t 尾，但《唐韵》中两个字都在"陌"韵。

训诂的研究也要依赖音韵，古代假借情况多。如《诗经》"君子好逑"，"逑"有的作"仇"。若懂音韵便知是同音。

清代的连语（联绵字）不是照字的意义，而只是标音的。如"仿佛""髣髴"，都是指同一件事，联绵字多是双声叠韵的。"旁皇"也等如"彷徨"。如拆开来照字义看，便不懂。

虚字不定形，故有假借。虚字往往有不同写法，如：才、纔、裁、财。故不能专靠字形来分别。古"旁"作"普遍"解，又"旁求"有写作"方求"，"方"与"旁"同音，懂得音韵的便不会受字形迷惑。如"向＝乡＝嚮"，"旃＝之焉"，"虞公求旃＝虞公求之于他"，"有诸＝有之乎"，"求诸人＝求之于人"。"旃""诸""俩""甭"等字，等于音的紧缩。

清代学者在训诂上的主要贡献

1954年11月2日

清代汉学家有两种学风，表现在"小学"训诂上：

1. 苏州学派（也叫吴派），代表人物惠栋（定宇），清乾嘉年间苏州人。其弟子有江声、余萧客等。这派学者尊信汉人成说，凡汉儒所说的，不问是非都以为对。惠栋有《九经古义》，是将汉人经说作的，他以为汉儒治学谨严，有家法师承，所以完全信任。在《九经古义》中他说："汉人通俗有家法，故有五经师，训诂之学皆师口授。其后乃著竹帛……'五经'出于屋壁，多古字古言，非经师不能辨。经之义存乎训，识字审音，乃知其义。是故，古训不可少也。"这可见他对汉学绝对信任的原因，但这也是他缺乏批评的缺点。

2. 徽州学派（戴氏学派，也叫皖派），这派不是简单地把汉人说法接受过来，不拘泥成说，对古代解经及汉人的训诂都很熟悉，能判断汉儒说的对否，并常纠正他们的错误。其徒段玉裁、王念孙、孔广森、王引之等也是持这种学风，对训诂的贡献很大。

这派的治学方法：（1）有比较、归纳精神，有创见；（2）有历史观点，不以现时见解去解释古义，能发现问题，有独立见解；（3）知以声音通训诂。王念孙："训诂之旨本于声音，故有声同字异，声近义同，虽或类聚群分，实亦同条共贯。""今则就古音以求古义，引申触类。"

汉人解经都是随文解义，这便带有不良倾向：（1）"望文生义，穿凿附会"。（2）强不知以为知，增字解经（在解释时增字以解，非增在本文上）。如《诗经》"昊天罔极"，郑笺："昊天乎我心无极。"（3）虚词误解为实词（《经传释词》就是专说古书上的虚词)。

何以见得清代学者考出的为汉儒的不对呢？可以在下面例子中看出来。"亲戚"古代是包括父母在内的：

（1）《大戴礼记·曾子疾病》："亲戚既殁，虽欲孝，谁为孝？"这里的"亲戚"明明代表父母。

（2）《晏子春秋·外篇》："今为人子臣，而离散其亲戚，孝乎哉？"这里的"亲戚"也不能解释为家庭以外的人。

（3）《墨子·节葬》："秦之西有仪渠之国者，其亲戚死，聚柴薪而焚之、熏之（上），谓之登遐，然后成为孝子。"

这几例可以从本文上看出其义，另有记载同一事而有异文，也可以比照出来。如：

（4）贾子《贾谊新书·保傅》："无恩于亲戚。"《大戴礼记》中也有作"无恩于父母"。还可以在同一书中，前、后的篇章中看到。①

（5）《管子·九变》"亲戚坟墓之所在"，《小问》篇作"父母坟墓之所在"。

又如《诗经·终南》"终南何有？有纪有堂"，毛传："纪，基也。堂，毕道平如堂。"王引之分析《诗经》305篇，得出结论，认为：

（1）凡言山上有某物者，皆指山中草木而言。如："山有榛，山有扶苏，山有枢，山有包栎，……。"

（2）因"终南何有？有纪有堂"的前一章是"终南何有？有条有梅"，前后两章对比应类似。如："丘中有麻，丘中有麦，丘

---

① 《贾谊新书·傅职》："不姻于亲戚，不惠于庶民。"上海古籍出版社1985年影印本《二十二子》。《贾谊新书》据卢文弨校本。

中有李……墓门有棘，墓门有梅。""南山有台，北山有莱。""南山有桑，北山有杨。""南山有杞，北山有李。"因之，凡首章言草木者，二章、三章、四章……亦皆言草木。今首章言草木，而二章乃言山，则既与首章不合，又与全书之例不符矣。纪，读为杞；堂，读为棠。纪、堂，假借字耳。考白帖（《白孔六帖》，唐代类书）终南山类，引诗正作"有杞有棠"。唐时，齐、鲁诗皆亡，唯韩诗尚存，则所引盖韩诗也。《左传》"杞侯"，公羊、穀梁皆作"纪侯"。堂谿＝棠谿（姓），这说明杞、纪、堂、棠，有通用的。

他们并不单凭主观想法去武断，而是先据《诗经》体例比对，再引证过去人对这两个字的通用。

清代学者在训诂上的成就：

1. 优点

（1）实事求是，有谨严的科学精神。

（2）有历史眼光。

（3）不拘于过去成见。

（4）指出音韵与训诂互为表里的要点，不能单从文字表面来看。

2. 缺点

（1）把小学当为通经学的工具来研究，故其工夫只限于解经（也谈到语言学问题，但很少）。

（2）主要力量放在汉魏以前古书，六朝以后，隋唐以来的，用的工夫少。

（3）完全忽略了现代的语言，但偶尔提到现代方言也是古音研究的辅助资料。

（4）有解释虚字的书（刘淇《助字辨略》），但没做文法研究。因此，现代文法的研究不能与清代接上头。

简单介绍《尔雅》《说文解字》《广韵》三书

1954 年秋

《尔雅》《说文解字》《广韵》都是古称"小学"的书，三书以时间来说，《尔雅》最早，次为《说文解字》，再次为《广韵》。

在方法上，三书的编辑：《尔雅》以字义排列，《说文解字》以字形排列，《广韵》按字音排列。古时"小学"将文字学分为形、音、义。这三书为"小学"中最有名。

"小学"名称的由来：过去以为讲字，只是在小孩入学时（八岁入小学）才说。故汉代书目中有"小学"一类。（《尔雅》本来先不归入"小学"，从唐起才归到"小学"中去。）"小学"到清代便简直成了专门学问。不单是说识字，而是成了"语言文字学"，与现代的语言学差不多。它的范围也许比语言学还广。

一、《尔雅》

古人对《尔雅》的解释较为可信者："尔，近也。雅，正也。"即正规的标准的语言，即以标准的语言来作解释而不是以土语。也即是用当时认为通行的标准的语言。

《尔雅》作者的时代，有人以为是周公，但这可能过早。大概是秦汉之间、战国至汉代之间，但不等于说所用材料是当时的，其中有可能保留更古的成分。从后汉起研究的人很多，作注的人也多，现在十三经中便有晋朝郭璞作的注。

后来的《广雅》就是将《尔雅》扩大的意思，是三国时魏张揖仿照《尔雅》作的。研究《尔雅》的后来成了专门的学问，作为"雅学"。如近代研究《红楼梦》的称"红学"一样。

《尔雅》体例，全书分十九篇，按义分类，同义字编在一起。这种方法西洋也有叫 thesaurus，这与后来的类书相似。开始的三篇:(1)释诂、(2)释言、(3)释训,这都是不具体、抽象的。(4)释亲、(5)释宫……以下的多为实物。

释诂中头一字是:初、哉、首、基、肇、祖、元、胎、俶、落、权舆,始也。这是说以上列举的字都是"开始"的意思,但其意义虽同,用法间却微有不同,不可以代换。

《尔雅》的刊本:《十三经注疏》的不好,而以郝懿行的《尔雅义疏》和邵晋涵的《尔雅正义》较好。

《尔雅》保存许多古语言,许多内容是可以供读古书作参考的,它多以经典作例子。

二、《说文解字》

《说文》不是简单的形书,以前有人叫"形书",这是片面的看法。

《说文》作者,东汉许慎(字叔重)。作于公元100年。

"文"与"字"的区别,独体谓"文",合体谓"字"。《说文》里说:"文者物象之本,字者言孳乳寖多也。"(即现叫派生出来的意思)

《说文解字》简称《说文》已很早,大概汉末时已有。后汉时已有人研究。

这书之所以重要,是因它是最早的有系统的字典。《康熙字典》的分部方法就是取法于它,现在我们还该好好研究的,是因为它不单有字形,而且说明某字从"某"、读若"某"(及后人加上的反切),包括许多古语情况。可看出后代语言的发展变迁。

《说文解字》的体例:中国字多是形声(谐声),故其注解在一字下标出其取意与取音部分,如"胖"从"肉"从"半","半"亦音(或读若"某")。由此知古音有几种念法。

排列方法:在一部里按照意义排列,意相近的排在一起,每部末说明"文"若干、"重"若干（即是说这部共有若干字、别字若干字），有别体字的原因是因过去字体有古文、籀等，如"王"，古文作"王"。

卷末有一目录。其部首的排列大概以字形相近的排在一起，不是以笔画多少作次序，是据形系联（部首以形系联），部中以意系连。

《说文》版本：最好读清段玉裁的《说文解字注》，《说文》上没说到而经书上有的，他都加进去，他不单是解释了《说文》，音韵也有涉及，并且把训诂的源由说得很清楚，比许慎做的《说文解字》解字还好。因为他把音韵、训诂也加到一起。要讲训诂，假如不与音韵结合起来，根本没法讲好。"段本"能发明声音、训诂意义。书末附有《六书音韵表》。段氏是根据徐铉的大徐本（大徐本即校定《说文》，徐铉、徐锴都是南唐人，徐锴的小徐本即《说文系传》）。

三、《广韵》

《广韵》版本很多，主要有宋本，有206韵，按韵分，共分五本。平声两本,《广韵》中的上平、下平完全是为分卷称呼，与广东省的上平、下平不同，不要混淆。这里说的阳平、阴平才是广东音的下平、上平。

切韵是反切的上、下字，上字叫"切"，下字叫"韵"，后来叫声韵（上声，下韵）。最初的韵书是《切韵》，到宋代增广为《广韵》，在《切韵》里为一韵的，在《广韵》里有的分为两韵。

研究《广韵》的，主要先搞通反切（每字下都有反切），《广韵》音的排列是乱的，陈澧的《切韵考》就是改正它乱了的地方。

《广韵》之所以采取这样的体制，是因为根据音排可以便利知音不识字人查考方便。

周礼汉读考序

1955年1月10日

六经上最早时说的"礼",是指《仪礼》,后来才有《周礼》,又叫《周官》(王莽时),大约是秦以前便有。《周官》分六官,其中冬官已佚失,而代之以"考工记"。《礼记》有小戴、大戴两种。现称《礼记》的是小戴"礼"。

《仪礼》分礼、记两部,早时叫"礼经""礼记"。

《汉书·王莽传》:"发得《周礼》以明殷鉴。"王莽思复古。[①]

《周礼》属于古文派,故汉时没立学官。《周礼》中古字很多,有些与钟鼎、甲骨文相合。有人说是六国时的书。

《周礼》虽为王莽、刘歆所提倡,但汉时并未立学官,至东汉末,郑玄作"三礼注",魏晋时才被重视。

"读为""读曰",是以音近之字易之,故为变化之词。变化字已易,故下文往往举所易之字,如《周礼·春官·大宗伯》"侯执信圭",郑玄注:"信,当为身,声之误也。身圭、躬圭,盖皆像人形,为瑑饰。"

"读如某""读为某",而"某"仍本字者,如《周礼·天官·太宰》:"主以利得民。"注:"玄谓'利'读如'上思利民之利'。"

"为"以别其义。如《周礼·天官·外府》:"掌邦布之入出。"注:"布,泉也,'布'读为宣布之'布',其藏曰'泉'(钱也),其行曰'布'。"

形近而伪,谓之"字之误",如《周礼·天官·缝人》:"丧缝棺饰焉。"故书"焉"为"马"。杜子春云:"当为'焉'。"

---

① 今中华书局点校本《汉书》4090页作"以明因监"。

附 记

　　丁声树先生治学谨严。他对年轻科研人员也悉心扶持、培养，师德崇高。

　　我1953年到中国科学院语言研究所，分在古汉语研究室做研究工作，丁先生便送给我一本《清代学术概论》（梁启超著）。这本书不是流行的单行本，而是万有文库版，十分难得。

　　清代乾嘉年间，朴学（指继承汉儒对经学的考据学，也称"汉学"）鼎盛，不少名家如戴震、惠栋、段玉裁、王念孙父子等和他们的著述，是古汉语工作者不可不知晓的。先生送我这本书，用意深厚。

　　我是广东人，操粤语，语言中保留有韵尾是 -p、-t、-k 的入声。先生又送给我一套珍贵的线装宋本《广韵》。先生眷顾年轻人，用心如此！

　　1954年，丁先生给语言研究所的年轻人上了四堂课，每月一次。先是简单介绍有关语言学的常识，介绍《尔雅》《说文解字》《广韵》这三部书。随后略说"小学"，讲"训诂"，讲"清代学者在训诂上的主要贡献"。1955年初，丁先生又给我们讲了"周礼汉读考序"。

　　先生每次讲课完毕，都要把听课者的笔记收去检阅。我们临场记的笔记未免潦草有误或有空缺，丁先生看得非常认真，不但把错字改正，留白的地方给予补上，甚至连标点符号也注意到。如我在该用句号（。）的地方用了逗号（，），丁先生用红笔在逗号上画了个圈。丁先生不仅注意我们的笔记记得是否准确、完全，还注意到我们的用语、修辞，比如我的笔记中有"……经说不同，各种经义的解释都不同"，丁先生把"都"字涂掉，改为

"往往";再如我记的"训诂,……即解释古文的字义和句义。后来'训诂'等于'语义'",丁先生在"等于"二字前加上了一个"也"字,改为"也等于";又如我记的"……汉儒治学严谨,有家法、师承",丁先生在"严谨"两字处划了个弯勾(位置颠倒符号),改为"谨严",把词义的中心意思落到"严"上。

我记的这五篇笔记都经过丁先生严格的检阅、厘定,无异于先生讲稿的草稿,先生讲的是语言工作者必须学习的传统语文学的入门知识。

麦梅翘
2013年11月9日

(原载《南大语言学》第五编,商务印书馆,2017年)

编后记

丁声树先生是我国著名的语言学家,在音韵、训诂、文字、语法、方言、词典编纂等各个领域都有很深的造诣,并且都有杰出的成就,是语言学界一位德高望重的学术大师。编辑、出版丁声树先生的文集早就是学界的强烈要求和极为关心的事情。

丁声树先生一生淡泊名利,虚怀若谷,从不愿意在人前谈及自己的学术成就。他生前没有收集整理自己的论著,以备将来出版文集的考虑,更没有要别人赞扬自己的道德、文章的想法。1983年广泛宣传、表彰他的学术成就和模范事迹,那是在他重病四年后完全丧失知觉的情况下进行的,应该是完全违背他的心愿的。三十多年后的今天又出版他的文集,自然也不会是符合他的心愿的。说实在的,一再违背他本人的心愿,我们实在是对不起这位一代学术宗师的。但是丁声树先生又是一位优秀的共产党员,一向是公而忘私、服从大局,虚心听取群众意见的,当他知道我们这样做是倾听了群众的呼声,是符合我国学术事业发展的需要时,我想他会谅解或者理解我们的做法的。

丁声树先生做学问极为严谨,在论著的写作上对自己的要求近于严苛,正像吕叔湘先生说的"他悬格太高,要能颠扑不破才肯拿出来"。再加上他52岁以后开始主编《现代汉语词典》、修订《新华字典》,把全部身心都扑在词典、字典的审订工作上,抽不出时间和精力去撰写其他学术论著,因此,在他的学术生涯中,著作不是很多的。丁声树先生一生所发表的论文,包括他与他人合写的,基本上都收集在这部集子中,总共不过二十来篇,十几万字。他个人生前发表的专著,除了较大部头的集体著作(《湖北方言调查报告》《昌黎方言志》《现代汉语词典》等)也都收在这里了,不过四五种,不足二十万字。他逝世后,经别人整理发表的遗著也收集在这里了,不过三四种,字数不多。应该说,先生给后人留下的论著是不算多的。但是,正像季羡林先生所说,"他的每一篇文章都是千锤百炼的产品,达到了很高的水平"。丁先生自己也曾说过"吾之学在精不在多也"。少而精,也许正是丁声树先生学术论著的一大特色。

在收集先生遗作和手迹的过程中,我们在先生家里无意中发现了他1942年7月的一本读书札记《有闻录》的手稿。它是用毛笔写在一本旧线装书的书页翻过来重新订起来的本子上的。多数篇章已经成文,正文前面还有一篇不足百字的小序。当然,这本札记还没有到修改定稿的阶段,按照先生一贯的严细学风,绝对不会示人,更不会发表的。但是,正如三十多年前吕叔湘先生在《丁声树同志的学风》一文中所说,丁先生"是一个才、学、识兼备的研究工作者",善于发现问题,善于占有和驾驭材料,"有声树同志这样素养的人,随便写什么都不会是粗制滥造的",都会有一定的水平的。经与业内一些同志讨论,又征得关淑庄先生同意,将整本《有闻录》札记收入到这部文集中。札记曾经张惠英教授和我整理、校订,其中的一部分文章二十年前在《中国语文》《语文研究》杂志上发表过。

这本文集收入的论文和专著,基本上是按内容分类编排的。先生早年主要从事训诂研究,所以将他上世纪三四十年代发表的训诂论文作为一组,排在最前面。读书札记《有闻录》内容主要是有关古书上的词语或逸闻轶事考释的,所以也放在了这一组。关于现代汉语语法研究的,关于汉语语音和音韵研究的,关于现代汉语方言调查和研究的，关于词典编纂的，都依内容分组并大致按写作时间编排。关于文字研究的较少，酌情放入其他组里。

由于丁先生早期的训诂、音韵著作涉及古籍较多，而且发表时都是用的繁体字系统排印。我们编辑的这部文集，早期论著仍旧用繁体字排印。后期的用简化字排印。文集的文章用繁简不同系统的文字排印，会给读者带来不便，在此谨致歉意。

这本文集的编辑工作早在上世纪80年代中期就开始准备了。那时，我、何乐士先生、张惠英教授不约而同地收集丁先生的著作。由于丁先生早期文章发表时间较早，有的并不容易找到。可能因为我在词典编辑室工作时间较长，跟丁先生接触较多，跟他的家人联系较多，所以文集编辑工作的主要责任自然就由我承担了。由于我工作抓得不紧，以及其他方面的原因，文集一再拖延，总是难以完稿，以至于出版社的编辑室主任及他们所安排的文集的责任编辑已经换了两三位，文集仍然没有编辑到位。在这里，我谨向长期关心并一再催促文集编辑工作的业内专家、同事深表歉意。

应该特别交代的是，这本文集能够较为全面地收集和编辑起来，是与关淑庄先生的关心和支持分不开的。大部分文章都是关先生想方设法找到的，从收录篇目、编辑设计到具体安排都是经她考虑并赞同后才确定的。关先生是位有成就的经济学家，是丁声树先生的夫人，她的积极参与和支持对本文集的编辑工作有决定性作用。丁声树先生的爱女丁炎女士也对文集编辑、照片的整理给予了全力支持。在此，谨向她们二位致谢。

编辑这本文集，著名语言学家李荣先生做了他人难以做到的工作。李荣先生上世纪50年代同丁声树先生一起进行语法研究、方言调查和研究，二人合作写出了多篇学术论著，60年代初他又协助丁先生审订《现代汉语词典》。长期的学术研究工作中的密切合作，使他们结下了深厚友谊。李荣先生十分关心并积极参与了这本文集的编辑工作：他提供了一些文章篇目，通读过大部分文稿，并准备给一些论著添加附注或说明，再专门写一篇序言。只是由于身体的原因，没有能实现他的全部计划，这实在是极大的憾事。李荣先生在这本文集的编辑中发挥了难以估量的作用。还在李荣先生健在之时，我们已经征得他同意，将他1989年为纪念丁先生写的题为《丁声树先生》的一篇力作，作为这本文集的代序。

前面说到过，何乐士、张惠英二位同志都在收集先生著作中做了一些工作，何乐士先生将收集到的材料悉数转交给了我。张惠英教授不仅积极收集丁先生的著作，还对一些著作做了校订、考证工作，而且在文集的出版、排校中也发挥了重要的作用。方言研究室的贺巍先生与丁先生接触较多，他不仅提供了几篇丁先生的遗稿，还对文集编辑工作给予了帮助。张振兴先生对丁先生的《河南省遂平方言记略》进行了系统地整理，也对文集的编辑给予了协助。麦梅翘先生是上世纪50年代初就到语言研究所工作的前辈，她聆听过丁先生的国学常识的讲课，并做了较为详细的听课笔记，而且笔记还经丁先生看过。征得她的同意，将几篇笔记作为附录收入文集。在文集的编辑过程中，丁先生的好友、语言研究所的老领导石明远先生及其夫人李瑞岚先生给予了大力支持。词典编辑室的李志江、杜翔、郭小武等同志在编辑出版过程中也做出了努力。此外，我们还得到了语言研究所的领导同志和词典编辑室、方言研究室、《中国语文》杂志社的同事们的关心和支持，还得到商务印书馆的领导和编辑室的大力支持，特别是责任编辑段濛濛同志在文稿编辑加工上用力很多。在这里，敬向诸位先生、诸位同志表示衷心的谢忱。

  三十多年过去了，丁先生的文集终于要面世了。今年是丁先生诞辰一百一十周年，也是他仙逝三十周年，文集的出版，庶几可以作为对先生的一份纪念。这些年来，一些关心、支持以至参与丁先生文集编辑的前辈和同事，如关淑庄先生、李荣先生、石明远先生、李瑞岚先生、何乐士先生以及商务印书馆汉语工具书编辑室的郭良夫先生都已辞世，一些同事也至耄耋之年，这部文集的出版，也是对多年来为先生文集编辑出版助力颇多的前辈和同事们的一种慰藉。老实说，此时我的心情既感到有些松快，又有些忐忑。三十多年的工作没有白做，先生的文集终于呈献给世人了。但由于我工作粗疏，见识浅陋，文集在编辑方面一定还会存在不足或失误之处，会有对不起丁先生他老人家和关心、帮助文集编辑出版的前辈和同事的地方。在此，我再次诚心致歉，恳切地欢迎方家批评、指正。

韩敬体
2019 年 4 月于北京太阳宫寓所